理工系のための
未来技術

はじめに

　いま、人間の活動はさまざまなところで科学技術の恩恵に与っています。

　普段の生活に近いところから、実生活とは程遠い想像もつかない場所に至るまで、「IT」「エネルギー」「新素材」等々、いろいろな分野の科学技術が貢献しています。

　「科学技術の進歩は日進月歩」と言いますが、これら科学技術の進歩が私たちの生活を徐々に変えていき、10年20年のスパンで見ると、大きな変化として実感できるようになります。

　21世紀になってから今日に至るまでを考えると、「大容量通信の普及」「高性能携帯端末(スマホ)の普及」「AIの進化」などが生活に大きな影響を与えています。

　このような科学技術進歩には数多くの開発研究が必要で、決して一朝一夕で成し遂げれるものではありません。

　その陰には結局日の目を見なかった技術も数多くあるでしょう。

　そのようなさまざまな"当時の未来技術"の上に、現在の科学技術が成り立っています。

　理工系に身を置く、または興味のある方であれば、このような未来技術にアンテナを張っておきたいところです。

　ところが、いかんせん分野が広く、興味の薄いところは情報がこぼれがちです。

　そこで、さまざまな分野の未来技術をピックアップし紹介していこう、というのが本書の主旨です。

　本書は月刊I/O誌において、2017～2019年にかけて掲載された記事から抜粋したものを集めています。

　これらの技術が、未来において必ず実用化され普及する、というわけではありませんが、これらの技術の淘汰の下に未来があることは確かです。

　実用化、普及を前にした新技術を知ることで、"未来の当たり前の技術"へ思いを馳せていただければ、幸いです。

勝田　有一朗

CONTENTS

理工系のための 未来技術

各分野の「未来技術」

本書に掲載している科学技術の分野は多岐にわたっています。

各分野における未来技術、そのトレンドなどを簡単に見ておきましょう。

1-1 「コンピュータ」関連の未来技術

■量子コンピュータ

「コンピュータ関連の未来技術」と聞いて、今も昔も変わらず話題が挙がるのは「**量子コンピュータ**」です。

それだけ長い年月の間、実用化を目指して研究開発が進められている分野になります。

「量子コンピュータ」は「量子力学」の法則のもと、従来のコンピュータでは解決困難な問題を瞬時に解くことのできるコンピュータです。

「最適化問題」や、「シミュレーション」などに役立つと考えられています。

そして、「量子コンピュータ」はここ10年ほどで目覚ましく進歩し、商業的に「量子コンピュータ」を提供する企業も登場しました。

そのニュースを聞いて、いよいよ「量子コンピュータ」も実用化したかと思った方も多いのではないでしょうか。

*

ところが、現在商業提供している「量子コンピュータ」のうち、世界初の実

用化とも謳われたカナダD-WAVE Systems社のシステムは、最適化問題のみに特化した「量子アニーリング方式」というもので、厳密な意味での「量子コンピュータ」(量子ゲート方式)とは少し異なるものです。

GoogleやNASAへ導入実績のある、D-Wave Systems社の
「2,000キュービット量子コンピュータ・システム」
(D-Wave Systems社プレス・リリース)

　一方、IBMはちゃんとした「量子ゲート方式」のシステム「IBM Q」を商業提供しているものの、規模は小さく(量子ビット数が少なく)、「量子コンピュータ」に期待される大規模演算を行えるパワーはありません。
　あくまでも"「量子コンピュータ」についての動作実証や学習が行なえる"といったレベルです。

2019年に「53量子ビット」を実現した
「IBM Q」(IBMプレスリリース)

　というわけで、実際のところ「量子コンピュータ」の本格的な実用化はまだまだ遠く、実用化に向けて新たな道を模索した新技術が、次々と研究開発されています。

　これからも、さまざまな未来技術が登場してくる、アツイ分野と言えるでしょう。

■「メモリ」と「ストレージ」

　コンピュータ関連で「量子コンピュータ」に次いで、昔からさまざまな新技術が出てくる分野に、「メモリ」や「ストレージ」が挙げられます。

　とくに半導体ストレージの分野では「高速」「不揮発性」「大容量」をキーワードに、「**強誘電体メモリ**」「**抵抗変化メモリ**」「**磁気抵抗メモリ**」「**相変化メモリ**」といった、さまざまな方式が次世代の主流技術となるべく研究開発されています。

　なかでも「相変化メモリ」は、すでに実用容量の製品化に成功しており、一歩抜きんでている印象です。

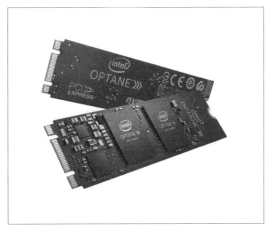

「相変化メモリ」と目される「3D XPointメモリ」搭載の「Intel Optaneシリーズ」

　一方で、すでに円熟期を迎えたように感じるストレージの「HDD」ですが、近年は、書き込み密度をさらに上げる「**熱アシスト記録**」(HAMR)や、「**マイクロ波アシスト記録**」(MAMR)が盛んに研究されています。2025年までに「40TB以上」のHDDを目指しています。

■「半導体」製造技術

　近年、CPUやメモリなど「半導体」を製造する技術はゆるやかな進歩に留まっていて、最近は「銅配線」「HIGH-Kメタルゲート」「3次元トランジスタ」のようなドラスティックな技術革新がありませんでした。

　「微細化」にまつわるトラブルを慎重に避けながら徐々に微細化を進めていたのが、ここ数年の半導体製造技術の歩みです。

　しかし、2020年からは長年実用化が望まれていた新技術「EUVリソグラフィ」（極端紫外線を利用した超精細な露光技術）を用いた半導体の本格生産が始まるとされています。
　これによって、半導体の微細化は次のステージへ移ったことになり、より高性能なCPUやメモリの登場が期待されます。

1-2　「AI」関連の未来技術

■「ソフトウェア技術」の主役「ディープ・ラーニング」

　近年、ソフトウェア面での新技術開発の主戦場と言えば、やはり「AI」、特に「ディープ・ラーニング」を用いた新アプリケーションの開発は外せません。

　「ディープ・ラーニング」は、「画像」や「音声」など、従来の技術では特に処理の難しかったデータの解析や分類をするのに長けた「AI」技術で、私たちの生活上で、より直接役立つ場面での用法が多くなります。

「風景画像」を自動生成する、NVIDIAの「GauGAN」
このようなアプリケーションも「ディープ・ラーニング」の得意とするところ。
（「GauGAN紹介ビデオ（https://www.youtube.com/watch?v=p5U4NgVGAwg）」）

■ 他技術との組み合わせ

「ディープ・ラーニング」は、「画像」や「音声」の処理が得意ということで、コンピュータに「目」や「耳」を与える技術でもあります。

「IoT」「自動運転」や、各種「センサー技術」など、他の技術と組み合わせた未来技術として、今後も活発な研究開発が行なわれていくことでしょう。

「自動運転」に「ディープ・ラーニング」は欠かせない
車周囲の状況を「AI」が判断する様子。
(NVIDIA GTC Japan 2016)

1-3 「通信・暗号」関連の未来技術

■ 常に必要とされる「通信」の「大容量化」

世界中が「光ファイバー」で結ばれ、大容量インターネットが普及した現在であってもなお、「通信の大容量化」は求められています。

そこに存在するのが、「5G」というキーワード。

「5G」によって末端デバイスの通信速度が大幅に向上することから、その通信を支える「基幹ネットワーク」を強化するため、光ファイバー通信にもさらなる「大容量化」が求められているのが現状です。

とは言え、設備投資に掛けられる予算にも限りはあります。

そのため、必要とされるのは、できるだけ既存の設備を活用しながら、さらなる大容量通信を実現する新技術です。

　今後はこのように設備を流用しつつ大容量化を図れる光通信の未来技術開発が盛んになっていくことでしょう。

■ 新たな暗号標準化

　通信と言えば、その内容を秘匿する「通信暗号化技術」でも新技術が求められています。

　その理由は、コンピュータの未来技術として実用化が望まれている、「量子コンピュータ」にあります。

　「量子コンピュータ」は、それが実用化すると現在最も広く用いられている通信暗号化技術である、「RSA暗号」を無力化してしまう諸刃の剣だからです。

　そのため、現在「量子コンピュータ」でも解けない新たな暗号技術、「**耐量子計算機暗号**」の標準化が国際的に進められており、世界中の研究機関で開発されたさまざまな新しい暗号アルゴリズムの検証が行なわれています。

1-4　　　「素材」関連の未来技術

■ あらゆる分野のベースとなる技術

　「素材」とはさまざまな製品やデバイスを構成する、ベースとなる材料を意味します。

　素材に新技術が発見されることで、「デバイスの性能」が大幅に向上したり、これまで実現不可能だった事柄が可能になることもあります。

　それだけ、ベースとなる部分の技術革新は全体に大きな影響を及ぼすので、あらゆる分野で、新しい素材(材料)の研究は行なわれています。

■ 「光コンピュータ」の実現へ

　「素材」に関する新技術が数多く必要な分野の一例として「**光コンピュータ**」が挙げられます。

　電気信号ではなく、「光信号」で演算を行なう「光コンピュータ」は、現在の

半導体が抱える「熱問題」を避けて、「数十GHz」といった超高クロックでの動作も可能です。

また、「光」はさまざまな特性をもち、「光ニューロコンピュータ」「光量子コンピュータ」といった新方式のコンピュータ実現にも繋がると、長年研究が進められてきました。

しかし、「光そのものの扱いの難しさ」や「大きな消費電力」など、実用化に向けては根本的な部分での技術革新、つまりは「素材ベースでの新技術」の獲得が多く必要になると考えられます。

今後も「光コンピュータ」関連の未来技術の発表には注視していきましょう。

1-5 その他の未来技術

■「IoT」に必要な未来技術

さまざまな未来技術で共通するキーワードに、「IoT」(Internet of Things：モノのインターネット)があります。

「IoT」の1つの側面として、「大量の小型デバイスにセンサや通信機器を搭載し、データ収集を行なう」、というものがあります。
これを実現するためには、消費電力の小さい、優れた「デバイス」や「センサ」「カメラ」そして高性能な「バッテリ」など、さまざまな新技術が必要です。

「IoT」に向けた未来技術は今後も頻繁に登場してくるでしょう。

■「立体映像」技術

家庭内での「3Dテレビ」については少々廃れてしまった感がありますが、ホログラムをはじめとした、さまざまな「立体映像技術」は、今でも魅力的な未来技術の一種です。

「AR」(拡張現実)技術なども併せて、今後私たちの生活にも影響を与えそう

な未来技術ではないでしょうか。

■「エネルギー」関係の未来技術

エネルギーに関する未来技術も話題に事欠かない分野と言えます。

　地球温暖化が叫ばれる昨今、高効率な「発電技術」は不可欠ですし、「電気自動車」から「携帯端末」の他、「IoT」デバイスなどで用いる「バッテリ」も、より高性能化が求められています。

　2019年のノーベル化学賞が「**リチウムイオン電池**」開発の吉野彰氏らに授与されたことから、改めて「**バッテリの新技術**」にもスポットが当たるようになったので、これからも要注目な分野と言えるでしょう。

コンピュータの未来技術

この章では、本格的な「量子コンピュータ」の実
用化に近付く、新しい「光量子コンピュータ」のア
イデアや、「超電導素子」、「次世代メモリ技術」などの、
コンピュータに関連する「未来技術」を紹介します。

2-1　究極の「大規模光量子コンピュータ」

■ 大規模「光量子コンピュータ」の実現方法を解明

東京大学工学系研究科の古澤明教授と武田俊太郎助教らの研究グループは、
究極の「大規模光量子コンピュータ方式」を発明したと発表しました（2017年
9月22日）。

これは、「光パルス」を用いた「光量子計算」において、どんなに大規模計算
であっても、最小規模の回路構成で効率良く実行できるというものです。

■ 現在の「量子コンピュータ」が抱える課題

「量子コンピュータ」は、現代の「スパコン」でも膨大な時間がかかる計算を、
一瞬で解くとされる、新しい動作原理のコンピュータです。

その応用は、「データベース検索の高速化」や「自然現象のシミュレーショ
ン」「機能性材料や医薬品の開発」など、多岐に渡ります。

＊

未来のコンピュータとして常に期待をもたれている「量子コンピュータ」で
すが、実験室での動作原理実証には成功しているものの、そこから実用化へ

の道程は、まだ遠いものだと思われています。

　その理由としては、「量子コンピュータ」の情報記憶に用いる「量子ビット」※の制御が非常に困難で、大規模な計算システムを構築できていないという点が挙げられます。

※重ね合わせによって、「0」と「1」の状態が並行で存在できるビット

　「量子コンピュータ」が威力を発揮するのは、大量の「量子ビット」を用いた並列計算時にあり、そのために必要な「量子ビット」の数は「数万～数百万量子ビット」と言われています。

　ところが、現時点で実験に成功している「量子コンピュータ」の「量子ビット」の数は、せいぜい「数十量子ビット」と、理想には程遠い現状が浮き彫りになります。

　一方で、カナダの D-Wave Systems 社では「2,000 量子ビット」を超える「量子コンピュータ」を実用化しているという例もあります。

　しかし、これは個々の「量子ビット」の制御が不要な「量子アニーリング」と呼ばれる「組み合わせ最適化問題」に特化したマシンで、さまざまな計算が可能な「汎用量子コンピュータ」ではありません。

GoogleやNASAへ導入実績のある、D-Wave Systems 社の
「2,000キュービット量子コンピュータ・システム」
(D-Wave Systems社プレス・リリース)

■「光量子コンピュータ」とは

「量子コンピュータ」の実現にはいくつかの手法があります。

その中でも「光」は、室温、大気中でも動作し、他システムでは必要な、巨大な「冷却装置」や「真空装置」が不要であるため、実用化に有利とされています。

また、「光」は空間を光速で移動するため、情報通信にもそのまま利用できるというメリットもあります。

＊

「光量子コンピュータ」は、他の方式と同様に大規模化(多量子ビット化)が積年の課題でした。

しかし、1本の光路上で一列に連なった「光パルス群」を用いることで、「量子もつれ状態」にある100万個の「光パルス」の発生が実現され、それを用いれば大規模な計算が実現しうることが近年発見されました。

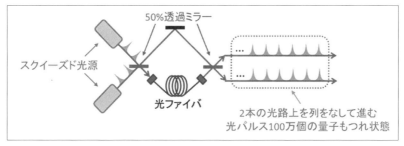

2本の光路上を進む光パルスが「量子もつれ状態」となり、「量子ビット」の働きをもつ
(JSTプレスリリース)

＊

大規模な「量子もつれ状態」を用いて量子計算を行なう手法は、「一方向量子計算」と呼ばれます。

根本原理は、「量子もつれ状態」にある多数の量子の一部を観測(測定)すると、観測しなかった量子に観測の影響が及んで、状態が変化するというものです。

この「観測による状態変化」を積極的に利用し、「量子もつれ状態」に対して観測を繰り返すことで、計算を実行するのが、**一方向量子計算**です。

＊

「光パルス」を用いた量子計算は、「**量子テレポーテーション回路**」を用いて

実現できることが知られています。

「量子テレポーテーション回路」では、まず計算前の情報をもった「入力光パルス」が、別に準備した「補助光パルス」と「部分透過ミラー」で混ぜ合わせられます。

混ぜ合わせた後、片方の光パルスを「光測定器」で測定します。

続いて、測定結果に応じて、もう一方の「光パルス」の状態を、何らかの「光操作デバイス」を用いて変化させます。

これによって、「計算結果の情報」をもった「出力光パルス」が得られます。

*

「入力光パルス」にどのような計算を施して出力するかは、

①「補助光パルス」の種類
②「部分透過ミラー」の透過率
③「光測定器」の種類
④「光操作デバイス」の種類

によって決まります。

これらの組み合わせ次第で、何種類かの基本的な計算を実行できる、というわけです。

たとえるなら、「量子テレポーテーション回路」1ブロック(1単位)は、「加減乗除」のような基本的な計算1ステップぶんに相当します。

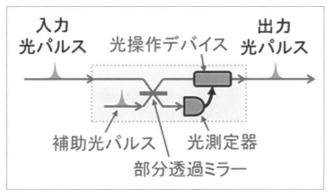

「光量子コンピュータ」の計算の基本単位となる、
「量子テレポーテーション回路」
(JSTプレスリリース)

*

　複雑な量子計算を行なう場合、この「量子テレポーテーション回路」を多段階に接続する形になります。

　しかし、実用レベルの計算を行なうには、膨大なスペースと、膨大な数の光学部品が必要なため、現在に至るまで実用化されませんでした。

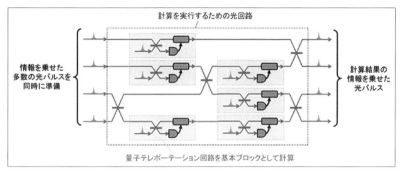

「量子テレポーテーション回路」を多数組み合わせて、複雑な計算を行なう
（JSTプレスリリース）

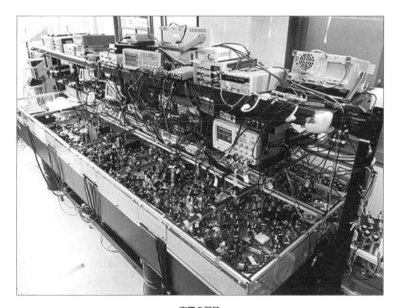

実際の回路
1つの「量子テレポーテーション回路」を形成するために、
部品や機器をいくつも用意することは現実的ではなかった。
（JSTプレスリリース）

　また、100万個の「量子もつれ状態」の「光パルス」を用いた計算には、計算に用いない不要な「光パルス」が大量に発生するため非効率的でした。

　それらの不要な「光パルス」を消去する処理が増えるぶん、計算ステップ数の増加や計算精度が制限される、という問題も出ています。

■「ループ」で必要回路を最小限に

　上記2点の「光量子コンピュータ」の抱える問題点を解決するのが、今回発表された新しい「**大規模光量子コンピュータ方式**」です。

　そのポイントは「ループ構造」にあり、時間的に一列に並べた多数の「光パルス」が、1ブロックの「量子テレポーテーション回路」を何度もループする構造になっています。

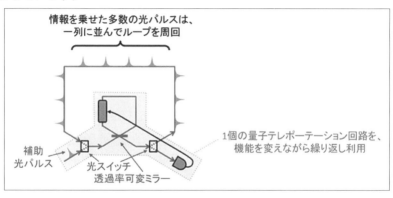

ブロックの「量子テレポーテーション回路」を何度もループする構造
(JSTプレスリリース)

　ループ内で「光パルス」を周回させておき、1個の「量子テレポーテーション回路」の機能を切り替えながら繰り返し用いることで計算を実行します。

　四則演算に例えるなら、1個の回路を、あるときは「足し算」、あるときは「掛け算」のように、機能を切り替えて何度も用いるということです。

＊

　この方式には次の3つのメリットが挙げられます。

①ループ内で「光パルス」を周回させ続ければ、1個の「量子テレポーテーション回路」を回数無制限で使えて、どんなに大規模な計算でも実行が可能。

②構成要素は1ブロックの「量子テレポーテーション回路」と「ループ構造」だけで、最小限の光学部品しか必要としない。

③「量子テレポーテーション回路」の機能の切り替えパターンを適切に設計すれば、すべての「光パルス」を使って、無駄なく効率の良い手順であらゆる計算が実行できる。

　不要な「光パルス」の処理に困るといった、「光パルス群」を用いた計算手法がもつ欠点も存在しない。

＊

　これまで「原子」「イオン」「超伝導素子」など他システムを用いた「量子コンピュータ」では「数十量子ビット」程度が限界でした。

　しかしこの方式を用いれば原理上「100万量子ビット」を何ステップも処理するような、桁違いの大規模量子計算が実行可能になると見込まれています。

■ 今後の展望

　原理的にはどれほど複雑かつ大規模な計算でも実現できるため、将来的にはさまざまな「量子アルゴリズム」やシミュレーションを実行するための標準的プラットフォームになると考えられます。

　今後は、本方式の「光量子コンピュータ」における計算精度や各種アルゴリズムの実装方法について解析を進めながら、実際に本方式での「大規模光量子コンピュータ」開発に取り組んでいくとしています。

装置の小型化にも望んでいくとしており、すでに「量子テレポーテーション回路」の
一部を「光導波路チップ」に置き換えることにも成功している。

（JSTプレスリリース）

2-2 「大規模超伝導量子コンピュータ」を実現する新素子

■「窒化ニオブ」を用いた「磁性ジョセフソン素子」を実現

「情報通信研究機構」(NICT)の山下太郎主任研究員らの研究グループは、「窒化ニオブ」を用いた「**磁性ジョセフソン素子**」の開発に成功したと発表しました(2017年11月22日)。

この「磁性ジョセフソン素子」によって、「超伝導デバイス」の省電力化や省ノイズ化が実現され、より大規模な「超伝導デバイス」、たとえば「大規模超伝導量子コンピュータ」の実現にもつながる技術だと期待されています。

■「ジョセフソン素子」とは？

「ジョセフソン素子」は「超伝導デバイス」に用いられる素子で、2つの「超伝導電極」を極薄の「絶縁体」、あるいは「常伝導金属薄膜」で隔てた構造をもつ素子を言います。

「超伝導電極間」の「トンネル効果」によって、「電気抵抗ゼロ」(ゼロ電圧)の「電流」(ジョセフソン電流)が流れます。

この「ジョセフソン電流」の大きさは、両端の「超伝導電極」の「巨視的位相」※の差によって決まります(直流ジョセフソン効果)。

逆に、「ジョセフソン素子」にどれだけ電流を流すかで、「巨視的位相」を制御できます。

「超伝導量子ビット」をはじめとする多くの「超伝導デバイス」は、この「ジョセフソン素子」による「巨視的位相」制御を基本動作原理としています。

> ※超伝導体には、「クーパー対」と呼ばれる電子のペアが存在し、電気抵抗を伴わない超伝導電流は、この「クーパー対」によって運ばれます。
> 「クーパー対」は波の性質をもちますが、超伝導体中ではすべての「クーパー対」の位相が揃った状態にあり、この位相を「巨視的位相」と呼びます。

今回の研究で用いた「磁性ジョセフソン素子」とは、「超伝導電極」の間に「磁性層」を挟み込んだもので、通常の「ジョセフソン素子」と同様に「ジョセフソン電流」が流れます。

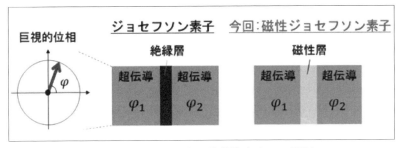

間に「磁性層」を挟みこんだものが、「磁性ジョセフソン素子」。
(NICTプレスリリース)

■ 外部からの「電流」や「磁場」が不要に

「ジョセフソン素子」を「超伝導デバイス」として利用するには、「ジョセフソン素子」の「巨視的位相」に「ねじれ」を発生させる必要があり、そのための「電流」や「磁場」を外部から加えることが不可欠でした。

それが、「消費電力の増加」や「外来ノイズの原因」となり、「超伝導デバイス」の大規模化を難しくしていた要因の1つだったのです。

*

それに対し「磁性ジョセフソン素子」は、電流バイアスがゼロのとき、「磁性体」の厚さや温度などの条件によって、「巨視的位相」が自ら180度ねじれる「パイ(π)状態」を発現します。

そのため「磁性ジョセフソン素子」を超伝導回路に組み込めば、「巨視的位相」に「ねじれ」を生じさせるための「電流」や「磁場」を大幅に削減でき、「超伝導デバイス」の大規模化が容易になる、というわけです。

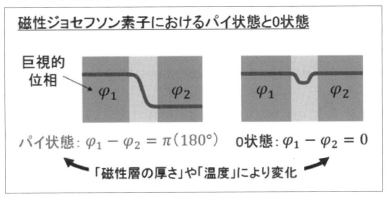

条件によって、自発的に「巨視的位相」が「180度」ねじれる「パイ状態」が発現する。
(NICTプレスリリース)

＊

　具体的な恩恵としては、たとえば、「ジョセフソン素子」を3つ備えた「超伝導体リング」には、「左回り」と「右回り」、両方の電流が流れ続ける「重ね合わせ状態」が現われます。

　現在の「超伝導量子コンピュータ」は、これを「量子ビット」として利用し、計算しているのですが、この状態を保つためには常に外部から磁場を加え続ける必要がありました。

　それに対し、「パイ状態」の「磁性ジョセフソン素子」は、自ら「巨視的位相」のねじれが生じるため、3つの「ジョセフソン素子」のうち、1つを「磁性ジョセフソン素子」に置き換えることで、外部から磁場をかけることなく向きの異なる電流状態が発生するのです。

　この特長によって、従来よりも低エネルギーで素子を動作させることが可能となり、また量子状態を長く保持できる可能性も期待されています(図3)。

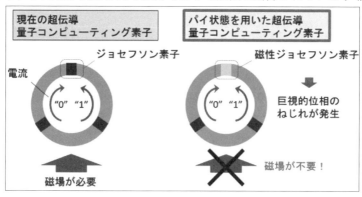

　　リング内の1つを「磁性ジョセフソン素子」に置き換えるだけで(右側)、
　　外部からの磁場が不要となり、省電力、省ノイズが実現される。
　　　　　　　　　　　　　　　　　　　　　　　(NICTプレスリリース)

■ より高温で超伝導状態になる材料へ

　これまで「磁性ジョセフソン素子」として、超伝導体に「ニオブ」を用いた素子は報告されていました。

　今回の発表では、さらに消費電力を抑えるべく、より高温で超伝導状態を示す「窒化ニオブ」を超伝導体に用いることで、冷却に必要な電力を削減でき

たとしています。

なお「ニオブ」と「窒化ニオブ」の「超伝導転移温度」は、それぞれ「約9K（-264℃）」と「約16K（-257℃）」で、「約7K」の差があります。

また「窒化ニオブ」や「窒化チタン」などの「窒化物超伝導体」は「超伝導量子コンピュータ」の低損失な超伝導材料として注目されています。

そのため、これらを用いた「磁性ジョセフソン素子」の実現には、期待が集まっていた、とのことです。

一方で、「コヒーレンス長」が短い「窒化ニオブ」で「磁性ジョセフソン素子」を実現するには、接合界面のより精密な制御が必要なことから、その作製は困難だったとしています。

■ 研究成果の確認

今回の研究では、「酸化マグネシウム基板上」に結晶配向成長し、表面平滑性に優れた「窒化ニオブ薄膜」を用いることで、接合界面の精密な制御を行ない、「窒化物超伝導体」による「パイ状態」の「磁性ジョセフソン素子」を、世界ではじめて実現しています。

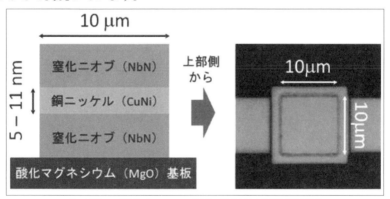

今回開発した「磁性ジョセフソン素子」の構造（左）と顕微鏡写真（右）
（NICTプレスリリース）

研究では厚さの異なる「磁性層」をもつ複数個の素子を作り、「ジョセフソン臨界電流」を測定しました。

その結果、「磁性層」の厚みが、ある膜厚範囲にある素子において、「巨視的

位相」が「180度」ねじれる「パイ状態」を発現していることを実験的に確認しています。

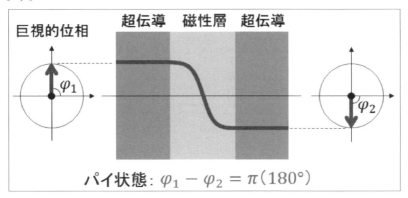

巨視的位相　超伝導　磁性層　超伝導

パイ状態： $\varphi_1 - \varphi_2 = \pi(180°)$

巨視的位相が「180度」だけねじれている状態
(NICTプレスリリース)

＊

通常の「ジョセフソン素子」では、位相のねじれがない「0状態」が安定で、「ジョセフソン臨界電流」は温度上昇に対して単調に減少します。

一方、「磁性ジョセフソン素子」では、「磁性層」の厚さや動作温度に応じて、「0状態」と「パイ状態」が変化します。

状態が変わるポイント(転移点)では、「ジョセフソン臨界電流」の温度依存性に、「磁性ジョセフソン素子」特有の「ディップ構造」が現われることが分かっています。

今回の試験では「ジョセフソン臨界電流」の温度依存性において、明瞭な「ディップ構造」の観測に成功しています。

これによって、作った「磁性ジョセフソン素子」において、確かに「パイ状態」が生じていることを実証したとしています。

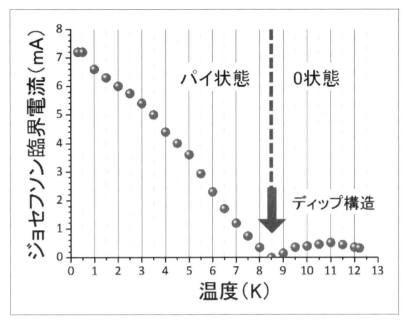

温度「8.5K」において、「パイ状態」と「0状態」の変化の際に現われる
「ディップ構造」が観測された。
(NICTプレスリリース)

■「ジョセフソン素子」を置き換えていく

　今後の展望として、「超伝導量子コンピュータ」や「超伝導集積回路」における従来の「ジョセフソン素子」を、今回開発した「窒化物超伝導体」を用いた「磁性ジョセフソン素子」に置き換えることで、より大規模化が容易な「超伝導量子コンピュータ」や、さらなる低消費電力動作が可能な「超伝導集積回路」の実現を目指していきたいとしています。

＊

　「超伝導量子コンピュータ」は、大規模化(量子ビットの増加)、および「量子状態」の長時間維持が命題となっており、今回の「磁性ジョセフソン素子」が技術的限界を延ばす1つの手段となることが期待されます。

2-3　磁気の性質で動くコンピュータ

■ 磁気とコンピュータの関係

コンピュータにとって「磁気」はとても重要な要素です。

「S」と「N」の極性は「0」と「1」のビットを表現するのに適しており、電源が無くても情報を保存し続けられます。

このことから、コンピュータ黎明期より「磁気テープ」や「フロッピーディスク」、「ハードディスク」などの二次記憶装置として、磁気メディアが用いられてきました。

＊

最新の技術としては、次世代不揮発メモリ「**MRAM**」(磁気抵抗メモリ)で、磁気の性質が用いられています。

これら一般的に知られている磁気の用途は、コンピュータの「記憶」に関するものばかりですが、実は「磁気の性質」をコンピュータの動作そのものに利用可能でもあることは、あまり知られていません。

コンピュータの動作に「磁気」を応用することの利点としては、演算に「電流」を使わないため、(a)消費電力が極めて小さく、低発熱なコンピュータを実現できること、また(b)半導体と違い放射線に強く、宇宙空間や原子炉内等の極限環境での動作が期待できる——といった点が挙げられます。

今回は、このような磁気の性質で動くコンピュータの研究について、紹介していきます。

■ 磁気で動く「論理演算素子」

パソコンやスマホなどのコンピュータはさまざまなアプリケーションを実行でき、その内部では相当複雑な処理をしています。

そのコンピュータの動作を根源まで探っていくと、最終的には膨大な数の「論理演算」の積み重ねに突き当たります。

「論理演算」とは「AND (論理積)」「OR (論理和)」「NOT (論理否定)」などの、

「真理値」(0と1の2値のみ)を対象とした基本的な演算です。

　これらを組み合わせることで四則演算をはじめとした複雑な演算を構築し、最終的にはさまざまなアプリケーションの姿となってディスプレイに表示され、私達の目に映るのです。

　一般的なコンピュータは、トランジスタなどの「半導体素子」と電気を用いて「論理演算」を行なっています。

　この「論理演算」を「磁気」で行なうことができれば、「磁気」で動くコンピュータが出来上がるというわけです。

　このように「磁気」で動く論理演算素子を「磁性論理演算素子」と呼びます。

　「磁性論理演算素子」の動作原理として、「微小磁性体」を用いた一例を次に紹介します。

　まず、数10nmスケールの楕円形の「磁性セル」を用意し、下図のように並べます。

　左、上、下の「磁性セル」が、それぞれ「入力A、B、C」に該当し、中央の「磁性セル」が「出力Z」の役割を担います。

　「磁性セル」は楕円の長辺方向に磁化され、磁化方向によって「0」と「1」を表現するものとします。

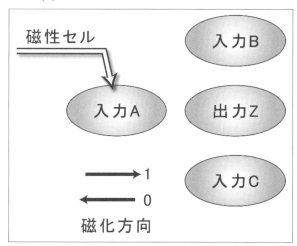

4つの「磁性セル」をこのように並べる

　「磁性セル」は、隣接する「磁性セル」との相互作用により磁化方向が**以下**のように変化します。

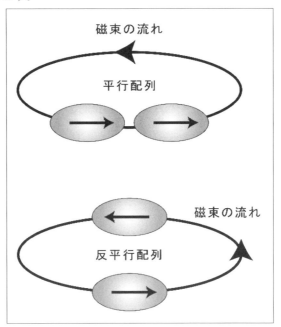

「磁性セル」の配置による「磁化方向」の相互作用

　このような条件のもと、「入力A、B、C」に一通りの「真理値パターン」を入力すると、「出力Z」の結果は表1となります。

　この4つの「磁性セル」は「NOR（否定論理和）」と「NAND（否定論理積）」の働きをもつ「磁性論理演算素子」であることが分かります。

　「入力A」が「NOR」と「NAND」の切り替えスイッチとなり、「入力B、C」に対する論理演算が行なわれているわけです。

表1　入力パターンと出力情報

入力A	入力B	入力C	出力Z	
0	0	0	1	
0	0	1	0	
0	1	0	0	NOR
0	1	1	0	
1	0	0	1	
1	0	1	1	
1	1	0	1	NAND
1	1	1	0	

　「NOR」と「NAND」が実現できれば、あとはこれらを組み合わせることで多くの論理演算が可能となるので、「磁性論理演算素子」を用いたコンピュータも実現できるということになります。

■「磁石」の「スピン波」を利用した論理演算

　上記の動作原理とはまた違った磁気利用の「論理演算素子」として最近発表された技術に、磁石の「スピン波」を利用したものがあります。

　「スピン波」とは、「電子の自転運動」による「微小な磁石」としての性質が空間的にズレて波のように伝わっていく現象です。

　「磁性絶縁体中」を伝わる「スピン波」について、「位相干渉」によって自在に強めたり弱めたりするといった研究がこれまで行なわれてきました。

　そして2017年8月にJST戦略的創造研究推進事業の一環として、「豊橋技術科学大学」「慶應義塾大学」「モスクワ大学」「マサチューセッツ工科大学」の共同研究により、磁石の「スピン波」を用いた論理演算の実現に成功した、との発表がありました。

　上記したように、これまで「スピン波」に関する研究で「位相干渉」は実現さ

れていたものの、その演算素子としての機能実証は不十分で、「論理演算」に
不可欠な「NAND」と「NOR」の実現もされていなかったのです。

　研究グループの発表によると、「磁性絶縁体」である「磁性ガーネット」を
「フォーク型」に加工し、「フォーク」の3つの枝から「スピン波」を入力、枝の
接続点で位相干渉させ、幹の部分にその結果を出力することで「NAND」の論
理演算を実現した、とのことです。

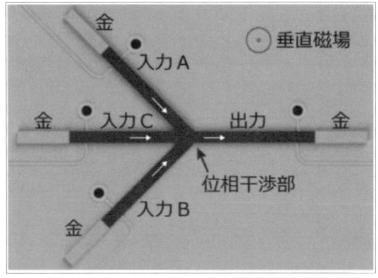

「3つの入力」と「1つの出力」をもつ、フォーク型のスピン波位相干渉演算素子
(慶應義塾大学プレスリリース)

　「0」と「1」を示す信号の見分けには、「スピン波」の「位相」を用いています。
　1つの入力の位相を切り替えることで、「NAND」と「NOR」の両方の論理演
算に切り替え対応できるとしています。

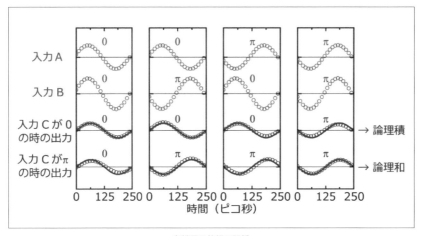

各端子の位相の関係
入力Cの位相によって「NAND」と「NOR」が切り替わる。
(慶應義塾大学プレスリリース)

　「スピン波」は、ある一定の幅では急激に余分な「スピン波」が増えたり、適切な長さにしなければ位相干渉が乱れたりするといった特性があります。

　このため、形状に対する応答が「非線形」で、扱いが容易ではありませんでした。

　研究グループによると、この扱いにくい特性を解明し理解してデバイスを設計・製作しており、さらに、存在確認されている「スピン波」の中でも、あらゆる方向に伝わる「前進体積スピン波」を用いたことにより、「直線状の配線」だけでなく「斜めの配線」が可能になったことが、「フォーク型のデバイス」を可能にし、実験成功の大きな鍵になったようです。

　本研究で実証された論理演算は、演算システムを開発する上で不可欠なもので、今後「スピン波」を用いたコンピュータの実現への大きな一歩となります。

　また、今回の演算素子の「入力端子」は3つでしたが、入力端子数は形状でのみ制限されており、同時に処理できる「入力」あるいは「出力」数を何十、何百にも増やすことが可能とのことです。
　「導波材料の薄膜化」や「電極の微細化」で、さらなる小型化も可能で、集積度が上がっても発熱の心配はありません。

この研究成果を発展させ、電流を流さない新しい情報処理が「スピン波」によって実現できると研究グループは期待しています。

■ 半導体ではないコンピュータの実現

磁気を利用したコンピュータは、まだ基本となる論理演算を実証した段階にすぎません。

しかし、消費電力や発熱に悩まされ続ける「半導体」とは違い、どれだけ大規模なものであっても「低消費電力」「低発熱」なコンピュータを実現できる技術としてこれからも要注目です。

2-4　皮膚呼吸可能な「水没コンピュータ」

■ コンピュータに付きまとう「冷却問題」

コンピュータを扱う上で直面する課題のひとつに、発生する熱をいかに放出するかという「冷却問題」があります。

コンピュータにとって「熱」は大敵であり、推奨される温度範囲を超えて稼動を続けると、誤動作や故障の原因にもなります。

たとえば「数GHz」で動作するCPUは、「CPUクーラー」がなければコア温度が「数百℃」にまで達するほどの発熱量を抱えており、効率的な冷却手段が求められます。

> ※実際はCPUの温度が上がりすぎると安全装置が働き、低速動作や停止といった処置が行なわれるため、そこまで温度は上昇しない。
> しかし、15〜20年ほど前の安全装置のないCPUは、「CPUクーラー」が外れると発火する事故も起こしていた。

私達が普段使うPCであれば、「静音化するために大型のCPUクーラーに取り替えよう」とか、「オーバークロックに力を入れたいから水冷クーラーを導入しよう」といったレベルの話ですみます。

しかし、多数のコンピュータを集中して設置し、24時間365日稼動させる「データセンター」や「スパコン」の世界では、効率の良い「冷却装置」の導入は、

運用コストにも直結するクリティカルな大問題となってきます。

　そのため、大規模な「データセンター」や「スパコン」が建設されると、その「冷却装置」にも注目が集まることが少なくありません。

■ すべて液体に沈めればいい

　「冷却」は、言ってしまえば「熱の移動」に他なりません。
　熱源から熱を奪い、それを他の場所に移動させて、最終的には大気中へと発散させるのが「冷却」の正体です。

　ここで重要なのが「**熱の移動手段**」です。
　媒介となる物質の「熱伝導率」の違いによって、冷却効率は大きく変わります。

＊

　熱伝導率の低い空気を利用する「空冷」では、熱を多くの空気と触れさせるために「大型のヒートシンク」が必要です。
　この時点で、多数のコンピュータを集積する「データセンター」や「スパコン」には、不向きと言えるでしょう。

　さらに、熱をもった空気を効率良く発散させるために、「広い空間」と「空調設備」が不可欠となり、設備自体がとても大型化してしまいます。
　そのため昨今の「データセンター」や「スパコン」には、より優れた「水冷」がよく用いられています。

　熱伝導率の高い「水冷」であれば、CPUやメモリから発生した熱を効率良く一箇所に集めて冷却することが可能です。
　しかし、一般的な「水冷」は、CPUやメモリなどを局所的に冷やすだけで、その他の「マザーボード」全体から発生する熱は冷やせず、結局は「空冷」と併用する必要があるのです。

＊

　そこで、次に登場するステップが、「**液浸冷却**」と呼ばれるものです。

　「コンピュータを冷やしたければ、すべて水に浸ければいいじゃん」ということをたまに冗談で耳にしますが、最も効率の良い冷却方法のひとつとして、

考え方は間違っていません。

　ただ、水は不純物によって簡単に導体となり回路ショートの原因となるた
め、利用する液体は「絶縁体」である必要があります。

　絶縁体の液体として身近なものには「油」があり、たまにDIYで「油冷PC」
なるものを見かけます。

　しかし、「油」はメンテナンス性が悪いため、本格的な「液浸冷却」には「フッ
素系不活性液体」がよく用いられています。
　これは、「フロリナート」という商品名で、3M（スリーエム）より販売され
ています。

*

「フロリナート」を用いた「液浸冷却」はすでに実用化されており、スパコン
の電力当たりの処理能力を競う「Green500」において、2015〜2016年にラン
キングトップを獲得した日本のスパコン「**菖蒲**」（Syoubu）に、この「液浸冷却」
が用いられていました。

　今後もスパコン向けの冷却手段として「液浸冷却」は注目を集めています。

「液浸槽」にコンピュータを浸して冷やすスパコン「菖蒲」
（理化学研究所プレスリリース）

■ 普通の水で「液浸冷却」を

「フロリナート」を用いた「液浸冷却」の技術は確立されつつありますが、課題がないわけではありません。

それは、「フロリナート」がとても高価だという点です。

比較的小規模な「HPC」分野（スパコンなど）であればまだいいのですが、大規模な「データセンター」で利用するには、現実的ではありません。

*

そこで、根本的なアプローチとして「普通の水」、もっと言えば地球上に豊富に存在する「海水」を用いた「液浸冷却」ができないか、という研究が行なわれています。

その研究を進めるのは国立情報学研究所（NII）の鯉渕道紘（こいぶちみちひろ）氏らの研究グループで、一般的なCPUを搭載したマザーボードを水槽や海に沈めて冷やす「水没コンピュータ」の研究に取り組んでいます。

■ マザーボード全体をコーティング

同研究グループは、2013年11月から「水没コンピュータ」の研究を開始しました。

そして、2015年3月には、汎用のマザーボード全体に「パレリン樹脂」を常温で真空蒸着し、膜圧120μmのコーティングを施すことで防水化に成功。

同年3月15日から6月10日までの約3ヶ月間の間、「水道水」の入った水槽の中での動作試験に成功しています。

マザーボード全体を「水道水」に浸けたまま、3ヶ月間の動作に成功。
（NIIプレスリリース）

　ただ、このような水槽を用いた「液浸冷却」の場合、循環する「水道水」を冷却するため、結局外部に「冷却設備」が必要となります。

　そこで同研究グループは「冷却設備」を不要とするため、海中にマザーボードを設置して、海水に直接排熱する実験を行ないました。

＊

　実験は、海洋研究開発機構（JAMSTEC）の協力の下、JAMSTEC横須賀本部の岸壁で実施され、最長で40日間、海中でコンピュータを動作させることに成功しています。

設置時
(2016.5.11)

設置風景

補修時
(2016.8.26)

図1-20　海中で行なわれた実験の様子
補修のために引き上げた装置の中には、貝などの海中生物が
びっしりと付着していたが、動作は続けていた。
（NIIプレスリリース）

■ より高性能な「PCクラスタ」による実験

　ここまでの実験では、比較的性能の低いCPU-マザーボード一体型の製品（Intel Atom系）が用いられてきました。

　2017年2月27日に同研究グループは、実際に「データセンター」などで用いられているコンピュータと同性能の「PCクラスタ」を構築し、水中で2年間以上の安定運用を目指した実験に取り組むと発表しています。

　実際に長期間水没させることで起こる不具合や故障などを、「故障検知機能」をもった模擬マザーボードなどで検証し、故障しやすい部分を特定。
　最適なコーティングや適切な構成、改造など、「水没コンピュータ」の実用化に必要な所見を示すことを目的としています。

■「データセンター」の姿が変わる？

海中での「水没コンピュータ」の動作成功は、自然の力によるコンピュータの排熱実現の可能性を示しています。

これによってコンピュータの「冷却装置」が必要なくなり、「データセンター」などの運用コスト軽減、つまりは省エネに大きく貢献することになるでしょう。

将来的には電力も「波力発電」などによってまかなう、完全エコな海中設置の「スパコン」や「データセンター」を見ることができるかもしれません。

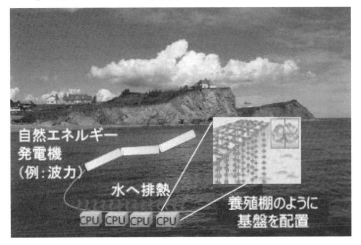

養殖棚のように、海中に「PC クラスタ」を並べる「海中データセンター」の姿
(NII プレスリリース)

*

今回のような、マザーボードを直接「液浸冷却」するものとは少々異なりますが、マイクロソフトも、海中に「データセンター」を設置する「Project Natick」という計画を進めています。

今後、「海中データセンター」は未来の一般的な姿になるのかもしれません。

2-5　「次世代メモリ技術」と「ユニバーサル・メモリ」

■「次世代メモリ」技術がアツイ

「パソコン」や「スマホ」などの身近なコンピュータ分野では、長らく「DRAM」や「NANDフラッシュ」が主役で、他に代わる気配はありません。

また、今年に入って「メイン・メモリ」と「ストレージ」両方の役割をこなす、究極の「ユニバーサル・メモリ」となり得る、新たなメモリ技術理論も発表されました。

*

そこで今回は、「次世代メモリ技術」と呼ばれる代表的ないくつかの方式と、新たに発表された「次世代メモリ技術理論」を紹介します。

■「FeRAM」(強誘電体メモリ)

「FeRAM」(Ferroelectric RAM) は「不揮発性メモリ」でありながら、「DRAM」並みのアクセス速度をもつのが特徴です。

名前にもある「強誘電体」は、外部から電圧をかけなくても、「正」と「負」の電荷の重心が分かれている物質で、その方向を持続できる誘電体です。

メモリセル構造は「DRAM」と酷似しており、電荷を溜める「キャパシタ」の代わりに、「強誘電体」を使う形です。

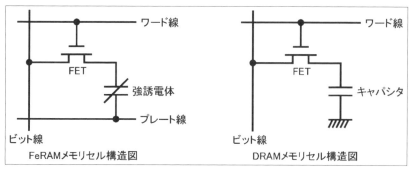

「FeRAM」と「DRAM」の構造図

「FeRAM」の「書き込み電圧」は約2～3Vで、「NANDフラッシュ」(約10～20V)と比較して大幅に省電力で、「アクセス速度」は約30～100nsと、「DRAM」並みです。

また、「書き換え回数」は約1兆回にもなり、「NANDフラッシュ」(約10万回)と比較すれば、寿命はないに等しいでしょう。

＊

「FeRAM」は、2000年代中ごろより、非接触型ICカード「FeliCa」の「組み込みメモリ」として実用化もされています。
しかし、「大容量化」が困難で、「次世代メモリ」としては見放されつつありました。

原因は「強誘電体」の"厚み"でした。
「100nm」以上の厚みがなければ「強誘電体」としての機能を保てないため、「微細化」が不可能だったのです。

ところが、2016年に厚みを1/10にできる「酸化ハフニウム」という新材料が発見され、大容量「FeRAM」に再び注目が集まっています。

■ ReRAM(抵抗変化メモリ)

「ReRAM」(Resistance RAM)は、「電極」に挟まれた「金属酸化物薄膜」に「パルス電圧」を印加すると、「酸化還元反応」によって100倍近い大きな抵抗の変化を得ます。

「ReRAM」は、変化した抵抗値が、ずっと保持されることを利用した「不揮発性メモリ」です。

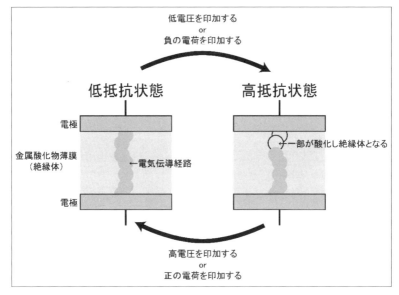

低電圧を印加する
or
負の電荷を印加する

低抵抗状態　　　　　高抵抗状態

電極

金属酸化物薄膜
（絶縁体）

←電気伝導経路

一部が酸化し絶縁体となる

電極

高電圧を印加する
or
正の電荷を印加する

「ReRAM」の記憶素子モデル図

　構造がシンプルで「高密度化」が期待でき、「アクセス速度」も10nsオーバーと、「DRAM」と遜色ありません。

　「書き換え回数」は約100万回で、「NANDフラッシュ」を大きく上回り、「次世代ストレージ・メモリ」として期待される技術です。

■「MRAM」(磁気抵抗メモリ)

　「MRAM」(Magnetoresistive RAM)は、名前に「磁気」が付いていることから分かるように、「電荷」ではなく、「磁気」(による電子スピンの方向)で情報を保存する「不揮発性メモリ」です。

　「MRAM」に用いられる素子は、「**トンネル磁気抵抗 効果 素子**」(TMR素子)と呼ばれ、2つの「強磁性層」(片方の磁化方向は固定)で「非磁性層」をサンドイッチした形になっています。

　「TMR素子」は、上下の「強磁性層」の磁化方向の違いによって、電気抵抗が変わる性質をもっています。
　磁化方向が平行だと「抵抗：小」、反平行だと「抵抗：大」となります。

この違いで、「0」と「1」を表わします。

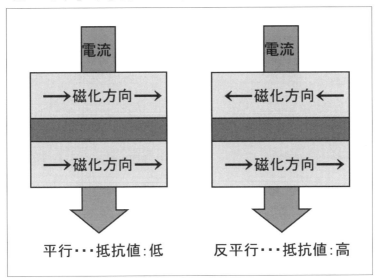

平行、反平行の「TMR素子」に電流を流した際の違いは、「抵抗値」に現われる。

「MRAM」は、「アクセス速度」が10ns以下、「書き換え回数」は約1,000兆回と、次世代の「メイン・メモリ」や「キャッシュ・メモリ」として大きく期待されていました。

しかし、そのために開発された第3世代の「STT-MRAM」(スピン注入MRAM)は、高速書き込み時の消費電力が大きく、「書き換え回数」も約1兆回にまで下がるなど、期待に沿うものではありませんでした。

＊

現在は、第4世代として上の弱点を克服した「SOT-MRAM」(スピン軌道トルクMRAM)や、「VoCSM」(電圧制御スピントロニクス・メモリ)の研究が進められています。

■「NRAM」(カーボン・ナノチューブ・メモリ)

「NRAM」(Nanotube RAM)は、近年さまざまな分野で特性を発揮している注目材料、「カーボン・ナノチューブ」(CNT)を用いた「不揮発性メモリ」です。

　「記憶素子」の構造は非常に単純で、「CNT」を多量に含んだ層を2枚の電極で挟んだだけ、というものです。

　「記憶素子」に適切な「電圧パルス」を加えることによって、層内「CNT」の「連結／切断」といった操作が可能で、これによる抵抗の変化で情報を記憶します。

　この「CNT」操作の基本技術やノウハウは、ベンチャー企業のNanteroが所有しています。
　Nanteroは、さまざまな半導体メーカーと共同で「NRAM」の開発を進めています。

＊

　「アクセス速度」は10ns以下、「書き換え回数」は約1,000兆回。
　「容量」も最終的には「16Gbit」から「64Gbit」を目指すとしており、現行の「DRAM」と性能的になんら遜色なく、そこに「不揮発性」という付加価値をもちます。

　「サーバー」や「パソコン」の「メイン・メモリ」を置き換える、「次世代メモリ」として注目を集めています。

■「PCM」(相変化メモリ)

　「PCM」(Phase Change Memory)は、「加熱」と「冷却」の仕方で構造(「結晶」または「アモルファス」)が変わり、再び加熱されるまでその構造を保ち続ける特性をもつ「相変化材料」で、情報を記憶する「不揮発性メモリ」です。
　状態の違いで、「抵抗値」が変わることを利用しています。

＊

　「PCM」は、構造がとてもシンプルで「高集積化」が容易、「DRAM」の製造設備をほぼそのまま利用できる、といった利点があります。

　「アクセス速度」は100ns以下と「DRAM」並みで、「書き換え回数」も約1兆回と「NANDフラッシュ」を大きく超えます。
　「DRAM」と「NANDフラッシュ」の間を埋めるメモリ技術と言えます。

■「3D XPointメモリ」が大きな節目

　ここまでの「次世代メモリ技術」は、「容量」の点から見ると「NANDフラッシュ」には遠く及ばず、精一杯やれて「DRAM」と同程度、といったものでした。

＊

　その状況を一転させたのが、IntelとMicronが2015年に共同発表した、「**3D XPointメモリ**」です。

　これはすでに「Intel Optaneメモリ」として製品化されていますが、その詳細は未だ明らかにされていません。

　外部企業の解析によると、どうやら"PCMらしい"ということが分かっています。

＊

　「3D XPointメモリ」最大の特徴が、「クロスポイント積層」による「3D集積化技術」です。

　これによって、「NANDフラッシュ」と比較できる程度の「大容量化」を実現しました。

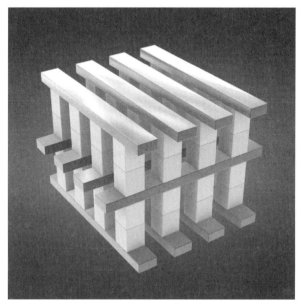

「クロスポイント積層」のイメージ図
(Intelニュースリリース)

「ReRAM」や「MRAM」の陣営も、「クロスポイント積層」を用いた「大容量化」に向けて研究開発を進めており、実用的な「大容量次世代メモリ」の登場が期待されています。

■「ユニバーサル・メモリ」となり得る、新たな「化合物半導体メモリセル」

最後に、2019年6月20日に英国ランカスター大学のManus Hayne教授らの研究グループが発表した新たな技術、「化合物半導体メモリセル」を紹介します。

量子力学の応用によって、「不揮発性」と「低電圧スイッチング」という両立の難しかった要素を併せもつ「化合物半導体メモリセル」の理論を確立した、とのことです。

「化合物半導体メモリセル」の構造は、薄い「アンチモン化アルミニウム」と「ヒ化インジウム」（ヒ素：As、アンチモン：Sb）の層が積み重なった形になっています。

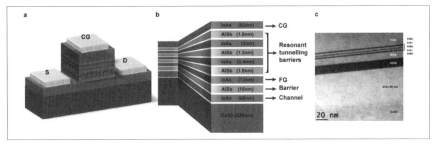

「化合物半導体メモリセル」の構造図
（研究論文）

特筆すべきは「低消費電力」で、「DRAM」の1/100、「NANDフラッシュ」の1/1,000しか電力を消費しません。

「ユニバーサル・メモリ」としてコンピュータの「メイン・メモリ」と「ストレージ」をすべて「化合物半導体メモリセル」にできたら、大幅な省エネ効果が期待できるでしょう。

第3章

AIの未来技術

> この章では、音声認識・音声処理の新技術や、『医薬品候補化合物』の探索と設計シミュレーション、トラブル予兆診断技術など、「AI」「ディープ・ラーニング」に関する未来技術を紹介します。

3-1 「ディープ・ラーニング」と音声処理技術

■「ディープ・ラーニング」の得意分野

「ディープ・ラーニング」が力を発揮する分野として、よく「画像認識」や「音声認識」が挙げられます。

写真に写っているものを見分けたり、言葉の発音を聞き分けたりと、従来のコンピューティングでは解析困難だったデータを高い精度で識別できるようになったのが、「ディープ・ラーニング」の一番の特徴です。

身近なところでは、スマホの「音声検索」や、スマート・スピーカーの「音声認識」、動画サイトの投稿動画に付加される「自動字幕」といったもので、私たちも「ディープ・ラーニング」の恩恵を受けています。

■ 音声認識の前処理に

「ディープ・ラーニング」により、音声認識の識別能力は飛躍的に向上しましたが、高い認識率を保つためにはクリーンな音声データの入力が望まれます。

しかし、音声認識はさまざまな条件下で使用されるため、そこに余分なデー

タが紛れ込むことを避けられません。

　従って、それらを排除するための技術が必要なのです。

　このような音声認識より前段階の音声処理にも、「ディープ・ラーニング」が応用されています。

■ 音声認識を阻害する要因

　音声認識を阻害する要因の1つに周囲の雑音が挙げられます。

　音声のノイズ除去技術は以前よりさまざまな手法で実用化されており、後半にも紹介しますが、「ディープ・ラーニング」を用いた画期的なノイズ除去技術が登場しています。

　そして、もう1つの要因が、「複数の人による同時会話」です。

　同時に複数人が話している状況で、それぞれの個人を聞き分けて再現し、音声認識することは難しいのです。

　従来の解決手段としては複数のマイクを用意し、遅延や音量レベルの差から話者の位置情報を割り出して音声を分離再現するというものがありました。

　しかし、どうしても大掛かりなシステムになるのが欠点です。

■ 1つのマイクで複数話者の聞き分けが可能な技術

　1つのマイクで複数人の同時会話を音声分離できれば、さまざまな機器での応用が見込めます。

　しかし、これまではあまり高い再現率が望めませんでした。

　そんな中、「ディープ・ラーニング」を応用した新しい音声分離再現技術を、2017年5月に三菱電機が発表しています。

■ 独自のAI技術「ディープ・クラスタリング」

　三菱電機が発表した「音声分離再現技術」には、同社が開発した独自のAI技術「ディープ・クラスタリング」が用いられています。

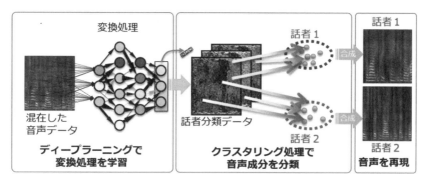

独自AI技術「ディープ・クラスタリング」の概要
(三菱電機ニュースリリース)

　この技術により、

・事前に登録されていない3者の同時音声の分離再現において原音再現率「80％以上」を達成(従来不可能)

・2者の同時音声では原音再現率「90％以上」を達成(従来51％)

・女性同士や男性同士に加え、異なる言語の同時音声にも対応
といった成果を出しています。

1つのマイクでこれらを実現したのは世界初とのことです(発表当時)。

　三菱電機では、この技術を用いて自動車・家庭・エレベーターの中などの音声認識システムの品質改善や性能向上を目指すとしています。

■「ディープ・ラーニング」による強力な音声ノイズ除去

　さて、次に紹介するのは、「ディープ・ラーニング」を用いて通話時に邪魔となる雑音を強力に除去する技術です。

　現在スマホなどで実用化されている音声ノイズ除去は、マルチマイクによる「アクティブ・ノイズ・キャンセリング（ANC）」が一般的です。
　これは携帯電話に複数のマイクを装備し（口の近くと、耳の近く）、それぞれの録音の差から人の声と雑音を抽出し、ノイズ除去を行うというものです。

　ただ、「ANC」は2つのマイク間に一定の距離が必要などデバイスデザインを制約する要因ともなるため、1つのマイクによる音声ノイズ除去が求められていました。

　それに挑戦しているのがアメリカのスタートアップ企業「2Hz」です。

　同社の開発した音声ノイズ除去のデモンストレーションがYoutubeにアップされているので、その優れた効果を一度ご覧になってください。

音声ノイズ除去のデモ動画。パトカーのサイレンなども除去して音声のみをクリアーにできる
(https://www.youtube.com/watch?v=1I1GrWL4OIQ)

■ 1つのマイクによるノイズ除去が困難な理由

　1つのマイクのみのソフトウェアによる後付の音声ノイズ除去は、一定の範囲内においては容易で効果的です。

　雑音には「定常ノイズ（ザーッという一定のノイズ）」と「非定常ノイズ（それ以外のさまざまなノイズ）」があり、前者であれば従来のDSPアルゴリズムで効果的に取り除くことができました。しかし後者は人の声と判別するのが難しく、上手く除去できなかったり、人の声が不自然に歪むこともあります。

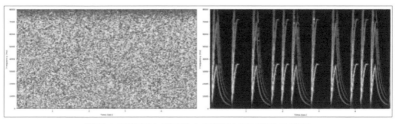

「定常ノイズ（左）」と「非定常ノイズ（右）」のスペクトログラム
(NVIDIA開発者ブログ)

■「ディープ・ラーニング」でさまざまなノイズに対応するマスクを生成

　「2Hz」では、さまざまな「非定常ノイズ」に対応するため、「ディープ・ラーニング」でさまざまな声とノイズのパターンを学習し、ノイズを効果的に除去するマスクの生成に成功しました。

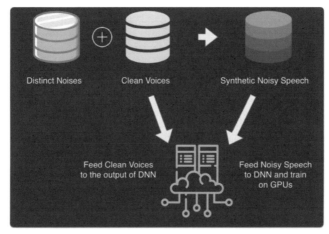

さまざまな声とノイズを掛け合わせて学習し、最適なマスクを生成した
(NVIDIA開発者ブログ)

■ 課題はリアルタイム性

　通話音声のノイズ除去において、重要なのは「リアルタイム性」(低遅延)です。

　人は会話において「0.2秒以上」の遅延があると、会話し難くなることが知られています。

　遅延の大部分は「ネットワーク」や「コーデック」で発生するため、音声ノイズ除去に割けられる時間はそれほど多くありません。

　「2Hz」の見解では「20ms」が許される遅延の上限だろうとしています。

　高品質な音声ノイズ除去には相応のリソースを必要とするため、スマホ上で「20ms」での実行は困難です。

　そこで「2Hz」はクラウドへの移行を提案しています。

　完全ソフトウェアベースであるため、実行場所は縛られません。

　当初、CPUベースによるクラウド上での音声ノイズ除去を実験した際は、CPUコアあたり「10ストリーム」しか処理できず、とても実用できるものではなかったとのことです(あるVoIPプロバイダは1サーバあたり「3,000ストリーム」を処理する)。

　しかし、「NVIDIA GPU」に最適化したところ、「GeForce GTX1080ti」で最大「3,000ストリーム」の処理に成功し、十分実用的であることを証明しています。

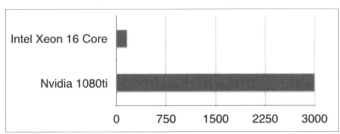

CPUとGPUによる処理の差。このような処理はGPUが圧倒的に強い
(NVIDIA開発者ブログ)

■音声ノイズ除去を体験

「2Hz」では、同アルゴリズムを用いた「ディープ・ラーニング音声ノイズ除去」を体験できるソフトウェア「krisp」をリリースしています。

同ソフトは「Mac OS版」および「Windows版」のアプリで、システムに常駐し、スピーカーおよびマイクの音声からノイズを強力に除去します。

「krisp」で強力な音声ノイズ除去を体験できる（https://krisp.ai）

ソフトウェア処理の音声ノイズ除去なので、相手側からの音声も綺麗にしてくれるのが大きな特徴です。

「Skype」や「Discord」などのボイスチャットで大きな効果を発揮するでしょう。

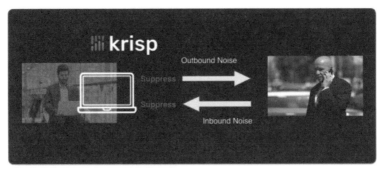

イン/アウト双方の音声ノイズ除去を行なってくれる
（NVIDIA開発者ブログ）

執筆時はパソコン版のみのリリースですが、「iOS版」「Android版」も開発中とのことなので、モバイルユーザーは今しばらくの辛抱です。

3-2 『AI』を用いた『医薬品候補 化合物』の探索と設計シミュレーション

■「AI」を「創薬」に応用

　現在、さまざまな分野で「AI技術」が活用されており、その応用範囲を広げようと、各所で熱心な研究開発が進められています。

　「創薬」も、「AI」に大きな期待を集める分野であり、今回は「AI技術」を用いた「富士フイルム」の新たな「創薬技術」を紹介します。

■ 莫大な「費用」と「時間」を要する「創薬」

　一般的に「新薬」が発売に至るまでには、「非臨床試験」→「臨床試験」→「承認申請」といったプロセスがあり、全体で実に「10年以上」の歳月を要します。

　なかでも、「新薬」そのものを開発する「創薬」は「非臨床試験」を指すのですが、その工程は気の遠くなるような試行錯誤の繰り返しで、莫大な「費用」と「時間」のかかるものです。

＊

各工程の詳細を、紹介しておきましょう。

---

[1]基礎研究（非臨床試験）

　新たな「医薬品候補化合物」を探索します。
　とにかく薬の「材料」となりそうな「化合物」を手当たり次第に探していきます。

[2]標的同定（非臨床試験）

　10万種を超えるとされる「生体内タンパク質」や「ヒトゲノム配列」を解析し、疾患の原因となる、「標的タンパク質」を見つけ出します。

[3]リード化合物同定（非臨床試験）

　疾患原因の「標的タンパク質」と結合する「医薬品候補 化合物」を特定します。
　莫大な「組み合わせパターン」が存在し、手当たり次第に反応を確かめるしかないため、その試行錯誤に莫大な「費用」と「時間」を要します。

[4] リード化合物最適化(非臨床試験)

見つけ出した「リード化合物」を、人体に害のない形へと「最適化」します。
ここで上手く「最適化」できず、開発を断念するケースも多いようです。

[5] 安全性、毒性試験(非臨床試験)

「臨床試験」へ入る前に、「動物実験」などで、「新薬」の安全性を確かめます。

[6] 臨床試験

被験者による「新薬」の効果や安全性について試験を行ないます。
「臨床試験」は「3段階」に分けられ、全体で「約6〜7年」かけて行なわれます。

[7] 承認申請

すべての試験をパスし、「承認申請」が通ることで、晴れて「新薬」としての
発売が可能となります。

---

[2]や[3]のように、試行錯誤を繰り返し、「タンパク質」「化合物」の組み合わせを探し出す作業を、「**スクリーニング**」と呼びます。

「新薬」発売までに超えるべきハードルは多数あり、「基礎研究」で探索した「医薬品候補化合物」が、「新薬」として発売できる確率は「約2〜3万分の1」と言われています。

そして、「創薬」で最も手間のかかるのが「スクリーニング」の段階です。
莫大な「サンプル」を「高速試験」できるシステムを用いた「ハイスループット・スクリーニング」や、スパコンを利用したシミュレーションで試験を行なう「ヴァーチャル・スクリーニング」が用いられてきました。

現在は、「AI」を用いて新たな「化合物」を見つけ出す手法が注目されていますが、疾患ごとに異なる「標的タンパク質」の「立体構造の解析」や、「AI精度向上」のために膨大な「データ蓄積」が必要で、実用化はいましばらくといったところです。

■ 新たな「候補化合物」を「探索・設計」

そこで今回紹介する新技術は、世界で初めて、「医薬品候補 化合物」の「構造式」から、新たな「候補化合物」を自動的に探索し設計できる、医薬品候補化合物探索・設計シミュレーション技術、「AI-AAM」です。

「AI-AAM」は、薬効が期待できる既存の「医薬品候補化合物」と、疾患の原因となる「標的タンパク質」との「結合力」を、「タンパク質」の構成要素である「アミノ酸」との相互作用の解析から簡便に予測します。

さらに、「AI技術」を活用することで、この「化合物」と同等の「結合力」で異なる「骨格」をもつ別の「化合物」を自動的に「探索・設計」できる、シミュレーション技術です。

「富士フイルム」が得意とする「写真フィルム」や「ディスプレイ材料」の研究開発で培ってきた、「機能性材料設計シミュレーション技術」を応用し開発したとのことです。

*

具体的には、「タンパク質」の構成要素である「アミノ酸」(20種)と「化合物」の「結合力」を数値化することで、「タンパク質」と「化合物」の「結合力」を予測できる独自の「アミノ酸マッピング(Amino-Acid Mapping ＝ AAM)記述子」と、安定した構造をもつ「化合物」を新規設計する「独自AI技術」を組み合わせ、既存の「医薬品候補化合物」の「構造式」だけで新たな「候補化合物」を自動的に「探索・設計」します。

結果から原因を推定する「逆問題解法」を採用しているため、「化合物ライブラリ」から「骨格」の異なる「化合物」を探索するだけでなく、従来発想できなかった「骨格」をもつ「化合物」を新たに設計できる、としています。

さらに、「標的タンパク質」の「立体構造」や、「AI」に学ばせる膨大な実験データが不要であり、既存の「医薬品候補化合物」の「構造式」に「AI-AAM」を適用するだけで、新たな「化合物」を「探索・設計」できるため、「新薬開発」の「期間短縮」と「成功確率向上」に大きく貢献すると考えられます。

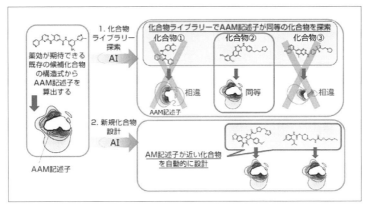

「AI-AAM」の仕組み
「AAM記述子」を用いてライブラリから同等の化合物を探索したり、
「AAM記述子」が近い新規の化合物を設計できる
(富士フイルム ニュースリリース)

■ 異なるさまざまな「候補化合物」を見つける

つまるところ、「AI-AAM」の役割は、"発見した「リード化合物」と同じ「結合力」を有する、異なる「候補化合物」を見つける"ことにあります。

これはとても重要なことで、先で少し述べたように、せっかく「リード化合物」を発見しても「最適化」や、その後の「臨床試験」の段階で「不適合」となってしまう可能性は決して低くありません。

同じ「結合力」をもち、「骨格」の異なる「候補化合物」をより多く保有することは、「新薬開発成功の鍵」となるのです。

■「AI-AAM」実証試験の成果

今回の発表では「AI-AAM」の実証試験による2つの成果が示されています。

[1]既存の「医薬品候補化合物」の「AAM記述子」を用い、「標的タンパク質」との「結合力」が同等で、「骨格」が異なる「化合物」を探索できることを実証

「標的タンパク質」との「結合力」の有無が分かっている「化合物10,933個」（このうち、183個が「結合力」を有する）すべての「AAM記述子」を算出し、その同等性の度合いで「化合物」を100グループに分類します。

　すると、1つのグループに「標的タンパク質」との「結合力」を有する「化合物」が集中し、そのグループに分類された「65個」の「化合物」のうち、「34個」に「標的タンパク質」との「結合力」が認められました。

　そして、その「34個」には、多様な「骨格」の「化合物」が含まれていることが確認できています(**図2**)。

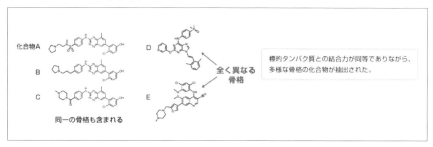

まったく異なる「骨格」の「化合物」が、「結合力あり」として抽出された
(富士フイルム ニュースリリース)

　また、

(A)「20万種」のデータベースから、「抗がん剤候補化合物」と「標的タンパク質」の「結合力」が同等の「化合物」

(B)「10万種」のデータベースから、「抗菌剤候補化合物」と「標的タンパク質」の「結合力」が同等の「化合物」

――を、それぞれ抽出しました。

　その結果、わずか数時間で、「抗がん剤」では「14個」、「抗菌剤」では「13個」抽出して、実際に合成し、「標的タンパク質」との「結合力」を評価できました。

　その結果、同等の「結合力」をもった「化合物」を「抗がん剤」では「1個」(探索正答率7%)、「抗菌剤」では「2個」(同15%)見つけ出すことに成功しています。

　これは「ハイスループット・スクリーニング」のケース(同0.1%未満)を大きく上回ります。

[2]新規の「医薬品候補化合物」を「33個」設計することに成功

　ある1つの「抗がん剤候補化合物」の「構造式」に「AI-AAM」を適用して、1週間で新規の「医薬品候補化合物」がどれだけ設計できるか確認しました。

　その結果、「結合力」が同等で「骨格」が異なる新規の「化合物」を、週間で「33個」設計することに成功しました。

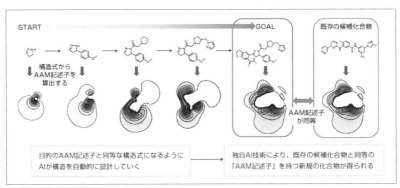

「AI-AAM」による新規化合物設計の過程
(富士フイルム ニュースリリース)

■ 今後の展望

　「富士フイルム」では、「AI-AAM」を用いて「新薬開発」を加速させるとともに、「製薬企業」などの「社外パートナー」との協業を図ることで、革新的な「新薬」を創出し、「医薬品産業」のさらなる発展に貢献していきたい、としています。

　とくに「創薬分野」では「既存化合物」の「ライブラリ量」が重要となるため、多くの「製薬企業」と協業することが、不可欠でしょう。

3-3　音をテキストに変換するAI技術

■「話し声」以外の音を認識する技術

　近年、人の声を認識する「音声認識技術」の進歩が目覚ましく、スマホの「AIアシスタント」や「スマート・スピーカー」などに搭載された「**音声認識技術**」は日常生活の中で役立っていると思います。

　しかし、現在の「音声認識技術」は人の「話し声」に特化していて、それ以外のさまざまな音の聞き取りには限界があり、苦手としています。

　これは、さまざまな音に対して「何の音であるか」を認識する、「音響イベント認識」の研究は進んでいるものの、それらの音が「どのような音」であるか、といった情報を「擬音語」や「文章」の形で書き出すまでには至っていなかったためです。

＊

　そこで今回紹介するのは、従来の「音声認識」技術では難しかったさまざまな音を認識し、「擬音語」や「説明文」といった「テキスト」として生成するNTTの新しい「AI技術」です。

■ さまざまな「音」を「テキスト化」するメリット

　NTTの開発したこの新技術は、「マイクロホン」で収録した「音」や「録音物」に対して、その「音」を描写する「擬音語」や「説明文」を自動生成します。

　さまざまな「音」を「文字」にすることができ、「文字」を見ただけで、どのような「音」なのかを把握できるようになる、というものです。

　とは言っても、「話し声」以外の「音」を「テキスト化」して、いったい何の役に立つのか、イメージし難いかもしれません。

　「話し声」の「音声認識技術」であれば、

・コンピュータ(AI)への音声による「コマンド入力」
・口頭による「文字入力」
・自動字幕生成

など、すでに身近で役立っているものもたくさんあります。

＊

　一方で現在、「音のテキスト化」の応用先として考えられているものとしては、次のものがあります。

●「音」に基づいた「メディア検索」

　「動画」や「音声」を検索する際に、「鳥の鳴き声（ピヨピヨ）」「雷の音（ゴロゴロ）」「車の音（ブァーン）」といった具合に、動画内で鳴っている「音」に対して検索できるようになります。

　「メディア・コンテンツ検索」が、これまで以上に便利になると期待されます。

● より人間に近い感覚をもつ「AI」

　「音」が「テキスト化」されることで、人間だけでなく、「AI」にとっても何の音が鳴っているのかという情報を分かりやすく入力できるようになります。

　さまざまな音に反応できる、より人間に近い感覚をもった「AI」の登場も考えられるでしょう。

● より高度な「自動字幕生成」

　現在の「自動字幕生成」は、主に人の「話し声」のみを対象としています。
　この技術を用いれば、「環境音」も含めて「字幕化」できるようになります。

■ 技術概要

　さて、今回紹介している技術は、「ディープ・ラーニング」を用いて、「音の特徴の時系列」と、「文字列」（擬音語）や「単語列」（説明文）との対応を学習させることで、「音」から「テキスト」への変換を実現しています。

＊

　次は、それらの技術的ポイントをいくつか見ていきましょう。

■「音響信号」から「文字列」や「単語列」への変換

　この技術は、「学習段階」と「生成段階」の2段階に分けることができます。

　「学習段階」では、「音響信号」に対してどのような「擬音語」や「説明文」が当てはまるかのデータを「教師データ」として、「多層ニューラル・ネットワーク」に学習させます。

　「ニューラル・ネットワーク」は、以下2つの「ニューラル・ネットワーク」で構成されています。
・「音響信号特徴」の時系列を、「潜在特徴」と呼ばれる固定次元の「ベクトル」に変換する「エンコーダ」
・「潜在特徴」を「テキスト」に変換する「デコーダ」

　「学習段階」では、これらの双方を学習させます。

＊

　「生成段階」では、学習ずみの「エンコーダ」に「音響信号特徴の時系列」を入力して、「潜在特徴」を得ます。
　その後、その「潜在特徴」を学習ずみの「デコーダ」に入力すると、「文字列」を得ることができる仕組みになっています。

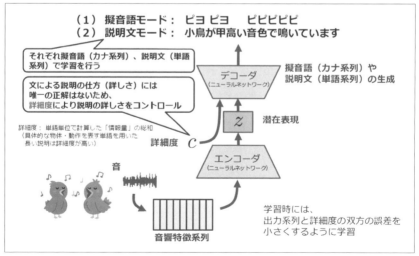

音のテキスト化技術の全体像
（NTTニュースリリース）

■ 人手による「擬音語付与」よりも、受容度の高い「擬音語」を生成

所定の「音響データ・セット」に対して、どの程度、適切な「擬音語」が生成できるかを評価する実験が行われました。

人手で付与した「擬音語」を正解と見なした「客観評価実験」において、単語誤り率「7.2%」、平均音素誤り率「2.8%」となり、ほぼ妥当な「擬音語」が生成できたとのことです。

また、生成された「擬音語」が、人間にとってどの程度受容できるかを「主観評価実験」で調べたところ、「78.4%」の受容率を得ています。

これは、人手による「擬音語」を上回る値で、所定の音響データに対して、概ね妥当な「擬音語」が生成されることが裏付けられた、と言えるでしょう。

■ 適切な「詳細度」での「説明文生成」を実現

「音」に対する「説明文生成」では、説明の仕方（詳しさ）に絶対的な正解はありません。

そこで、どの程度の詳しさで説明するかのパラメータを指定することで、目的に適った詳しさの文を生成できる工夫が施されています。

これを、「**条件付き説明文生成法**」（CSCG法：Conditional Sequence-to-sequence Caption Generation）と呼びます。

本手法では、「詳細度」と呼ぶ数値を「デコーダ」への補助入力として導入します（左図における「詳細度C」）。

「学習段階」では、「詳細度」の値と出力されるテキスト系列の双方の誤差が少なくなるように学習を行ないます。

「生成段階」では、対象とする「音響信号」と望ましい「詳細度」の値を入力すると、その「詳細度」に近いテキストが生成されます。

このような方法をとることで、短く端的な説明から、長く詳しい説明まで…場面や用途に合わせた「音の説明」を得ることができます。

音源	モデル	c	Generated captions
指を鳴らす 🔊	SCG		軽やかな音が一瞬だけ鳴る
	CSCG	20	指が鳴らされる
		50	指をはじくような高低のない音が一回鳴る
		80	指をはじくような軽やかで高低のない音が小さな音量で短く一回鳴る
		110	指をはじくような軽やかで高低のない音が小さな音量で短く一回鳴る
バスドラム 🔊	SCG		低い音が一瞬だけ響く
	CSCG	20	低い音が一瞬だけ鳴る
		50	量に打ち付けるような低い打撃音が一瞬だけ響く
		80	つまらなそうにとても低い音でドラムが一度だけ奏でられている
		110	つまらなそうにとても低い音で何かを叩くような軽くて少し低い音が小さな音で一瞬鳴ってすぐに消える
コントラバス 🔊	SCG		低い音で自動車のエンジンが響く
	CSCG	20	低い音が響いている
		50	鈍くて低い音が響いている
		80	少し低めの機械音が次第に低くなっていき、ブレーキ音が聞こえてくる
		110	少し低めの機械音が次第に低くなっていき、ブレーキ音が聞こえてくる

SCG : Sequence-to-sequence Caption Generator　（詳細度入力の無い場合）
CSCG : Conditional Sequence-to-sequence Caption Generator　（詳細度入力の有る場合）

「詳細度C」による説明文の変化例
「詳細度C」が大きくなると、より詳細な「音」の描写が得られる。
(NTTニュースリリース)

■ 「聞こえ方」の近さに基づく音の検索

この技術の応用先の1つとして挙げた、「音の検索」について、もう少し掘り下げていきましょう。

従来の「効果音」などの「音響データベース」の検索では、対象となる「音」に対して事前にテキストの「タグ」を付けておき、そのテキストに対して検索をかける方法が一般的です。

しかし、事前に「タグ」を付ける手間が大変だったり、「タグ」だけではどのような音かが分かり難いことが多々あります。

出てきた複数の検索結果のうち、どれが望みの音に近いか、結局は実際に音を聞き比べないと判断できない、といった問題がありました。

＊

　これに対し、今回の技術を用いれば、「潜在空間」における「近傍探索」によって、「擬音語」や「説明文」で検索することが可能になります。

　このとき、「音響データベース」に対して事前にテキストの「タグ」を付ける必要はなく、任意の詳しさの説明文で検索ができます。

　また、数多くの検索結果を「潜在空間」における近さの順に並べて出力できるので、複数の検索結果から実際に聞き比べなくても、ある程度、目的に近い音源を絞ることができます。

　「擬音語」や「説明文」が近い音――つまり、人間にとっての「聞こえ方」が近い音同士が、「潜在空間」において近くに位置付けられます。

　そのため、主観的な「聞こえ方」の近さに基づく「音の検索」が実現されるのです。

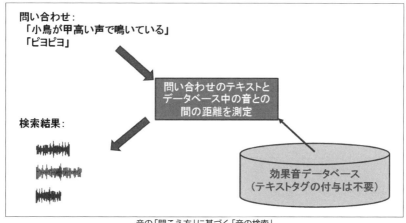

音の「聞こえ方」に基づく「音の検索」
（NTTニュースリリース）

■ 今後の展開

　NTTでは、本技術を応用した「音の検索エンジン」「コミュニケーションAI」「動画字幕生成」などの実現に向けて、さらに研究を進めていくとしています。

　特に「音の自動字幕生成」については、「動画サイト」や「TV放送」の字幕生成で、近い将来私たちも目にする機会がありそうです。

3-4　地熱発電所のトラブル予兆診断技術

■「地熱発電」トラブルを予測する

　「国立研究開発法人新エネルギー産業技術総合開発機構」（以下、「NEDO」）および「東芝エネルギーシステムズ」は、地熱発電所の「**トラブル予兆診断技術**」を開発し、実証実験を開始したと発表しました（2019年10月23日）。

　これは2018年よりNEDO事業として東芝エネルギーシステムズが開発してきた「ビッグデータ解析技術を活用した予兆診断技術」です。

　「IoT」「AI」の技術を適用して、発電所のトラブル予兆診断を行ない、設備利用率向上を目指すものです。

■ 見直される「地熱発電」

　さて、「地熱発電」とは文字通り「地中にある熱源」を利用した発電方式です。

　主に「火山」の「マグマ熱」で発生する「高温の水蒸気」や「温水」を用いて発電を行ないます。

*

主なメリットとしては
①マグマ熱を利用するので、エネルギー枯渇の心配がほぼない。
②二酸化炭素の排出がほとんどない。
③昼夜問わず安定した発電を見込める。
　といったものが挙げられます。

*

　「火山大国」とも呼ばれる日本において、「地熱発電」は全国どこでも行なえる可能性があります。

　上記に挙げたメリットも鑑みれば、現時点で現時点でもっと主流の発電方式となっていてもおかしくないくらいです。

　ただ、当然メリットだけというわけではなく、次のようなデメリットもありました。

①発電所を設置するための調査や工事に時間とコストがかかる。

②地熱発電に適した火山の多くが自然公園（国立公園）の中にあり、規制のため開発し難い。

　こういった理由から、国からの地熱発電への開発支援も薄く、日本の電力事情は火力や原子力へ傾倒していくことになります。

　このような日本の電力事情に転機をもたらしたのが、「地球温暖化問題」と「東日本大震災」です。

　「地球温暖化問題」により世界的な脱炭素社会への転換が求められています。

　また、「東日本大震災」では原子力発電のコストが決して低くないということが知られるようになりました。

　こうして、「太陽光発電」や「風力発電」といった「再生可能エネルギー」に注目が集まるようになったわけです。

　「地熱発電」も、そういった再生可能エネルギーの一種として再評価されています。

＊

　現在注目を集める太陽光発電や風力発電ですが、デメリットとして発電量が天候などの自然環境に大きく左右されることが挙げられます。

　そのため利用率は「約1〜2割」程度と言われています。

　一方で常時安定した発電を見込める「地熱発電」の利用率は「約7〜8割」とも言われ、「原子力」と同様のベースロード電源として扱えます。

　このようにして「地熱発電」が見直されるようになり、規制緩和によって自然公園内での開発も容易になりました。

今後、「地熱発電」のさらなる発展が期待されているわけです。

■ 本技術開発の背景

では、本題の「地熱発電所のトラブル予兆診断技術」について紹介していきましょう。

*

まず本技術開発の発端として、2018年7月に閣議決定された「第5次エネルギー基本計画」があります。

「第5次エネルギー基本計画」には「脱炭素化」への挑戦などが掲げられ、これらに対する取り組みとして
・2030年のエネルギーミックスの確実な実現を目指すこと。
・再生可能エネルギーを主力電源とするため低コスト化などを図ること。
などが記載されています。

日本は世界第3位の「地熱資源ポテンシャル」をもっていて、「地熱発電」は安定した出力が得られることから、ベースロード電源として大きな期待がかかっているのは前述した通りです。

さまざまな発電方式を有効活用するエネルギーミックスの中で、2030年までに「地熱発電容量」で最大「約155万kW」の導入目標が立てられています。

このような背景の下、日本では新たな「大型地熱発電所」の運転開始など、近年新規の地熱発電所の立地計画が進んできました。

一方で、既設の地熱発電所は、発電設備の老朽化によるトラブルや、タービンに付着した「地熱蒸気成分」の除去作業による停止などで、利用率が「6割程度」と、低い状況に陥っています。

発電コスト低減のためには、利用率向上が喫緊の課題となっているのです。

そこで、NEDOの「地熱エネルギーの高度利用化に向けた技術開発事業」において、「東芝エネルギーシステムズ」が"「IoT」「AI」を活用した地熱発電所"の利用率向上技術開発を進めてきた、というわけです。

■ インドネシアでの実証実験

　本技術の実証実験は、インドネシアの国営地熱発電会社である「PT Geo Dipa Energi」(Persero)(以下、GDE社)の協力の下、同社のパトハ地熱発電所において実施されます。

実験が行なわれる「パトハ地熱発電所」
(東芝エネルギーシステムズプレスリリース)

＊

　インドネシアは世界第2位の地熱資源ポテンシャルをもつ地熱大国です(第1位はアメリカ)。

　そこで、近年、「再生可能エネルギー」として地熱発電に大きく注力しています。

　2018年には世界最大級「330MW」の発電量を誇る「サルーラ地熱発電所」が運転開始するなど注目を集めました。

＊

　また、インドネシアの地熱発電には多くの日本企業が関係しています。

　「サルーラ地熱発電所」のプロジェクトにも伊藤忠商事、九州電力、国際石油開発帝石らが出資に加わり、発電設備には東芝エネルギーシステムズの「コンバインド型地熱発電設備」が用いられています。

世界最大規模の地熱発電所「サルーラ地熱発電所」
(九州電力プレスリリースより)

　このように地熱発電におけるインドネシアと日本の関係性は深く、先行するインドネシアで得られた最先端の実験結果が、日本の地熱発電も牽引していくものと思われます。

■ 予兆診断技術と実証試験の内容

　東芝エネルギーシステムズが開発した「トラブル予兆診断技術」は、各種センサーから得られる日々の発電所の運転データをAI手法により解析し、正常な運転時にトラブルの原因となる異常兆候を検出する技術です。

　実証試験では、地熱発電の導入が盛んなインドネシアで、「ビッグデータ解析技術を活用する予兆診断技術」を既設の地熱発電所に導入します。
　そうして当該技術によるトラブル予兆の検知が可能かどうかを評価するとともに、技術導入による効果検証が行なわれます。

　「実証試験期間」は、2019年10月から2021年2月までが予定されています。

予兆診断のイメージ
(東芝エネルギーシステムズプレスリリース)

　具体的な実証試験の内容としては、GDE社の「パトハ地熱発電所」の発電設備に東芝エネルギーシステムズが開発した「トラブル予兆診断システム」を設置して、発電所の運転データのリアルタイム解析を行ないます。

＊

　解析結果は「ICT」(Information and Communication Technology)を活用してGDE社の本社と東芝エネルギーシステムズの各拠点の技術者間で共有化し、トラブル回避のための対応検討などに利用します。

　こうした取り組みを通じて、システム全体での「トラブル予兆診断技術」の有効性を検証するとしています。

トラブル予兆診断装置
(東芝エネルギーシステムズプレスリリース)

遠隔地(日本)でのモニタリングイメージ
(東芝エネルギーシステムズプレスリリース)

3-5　変形対応アングルフリー物体検索技術

■「不定形物体」を見分ける新技術

　NTTは、不定形で未知の変形が加わっていても、画像からその物体を正しく見分けることのできる新技術、「変形対応アングルフリー物体検索技術」を発表しました(2018年11月26日)。

＊

　この技術は、「撮影した画像」と「データベース画像」とを比較し、撮影した物体がどの物体に該当するかを検索するものです。

　これまでの技術では不得意とされていた「軟包装製品」や「布製品」など、"不定形な物体"の見分けにも対応するよう強化されました。

■製造、流通、小売りでの商品管理に役立つ

　このような物体を見分ける「画像認識技術」は、観光業での「案内表示」や、「製造」「流通」「小売り」での商品管理といった応用が考えられます。

高度な物体認識技術は、商品管理や自動レジ、商品情報提示などで役立つ
（NTTニュースリリース）

　「観光業」では、施設やランドマークなど、さまざまな場所の画像データをあらかじめ登録しておくことで、観光客がその場をスマホで撮影したとき、ルート案内や観光案内が表示される、といった使い方が考えられます。

　2020年の東京オリンピックに向け、ますます増加するだろう外国人観光客。

　このような人たちに向けても、直感的に利用できる案内表示は、便利ではないでしょうか。

＊

　そのためには、高度な「物体認識技術」が必要なのです。

　特に、今回の新技術は「不定形物体」にも対応したことで、"袋詰めされた商品"や、"簡単に変形してしまうようなもの"でも認識可能となりました。

　商品管理として、より実用的なものになったと言えます。

■ 前身となる「アングルフリー物体検索技術」

　この技術は、NTTが研究開発を進めるAI技術「corevo」の1つで、前身には2015年2月に発表された「アングルフリー物体検索技術」がありました。

　「アングルフリー物体検索技術」は、少数のアングル画像登録だけで、3D物体の「認識」や「検索」を可能とする技術。
　従来の「1/10」のデータ量で、高い認識精度を実現するのが特徴でした。

「アングルフリー物体検索技術」
従来の「1/10」の登録データのみで、高い認識精度を実現。
(NTTニュースリリース)

　しかし、以前の「アングルフリー物体検索技術」は、"物体が定形"との前提での"射影幾何学から導かれる同一物体上での拘束条件"を用いていました。
　そのため、「変形する物体では認識精度が低下する」という問題があったのです。

＊

　今回の「変形対応アングルフリー物体検索技術」では、同じ少数の画像登録から、変形する物体の認識も可能になりました。

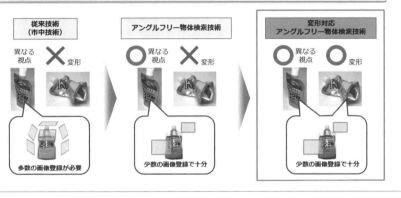

各認識技術の違い
(NTTニュースリリース)

■ 新たに開発された「変形対応幾何検証技術」

　今回の技術も、技術的なベースは従来の「アングルフリー物体検索技術」からきています。

＊

　物体検索の手順は、

①画像の特徴により、データベースから類似度の高い画像を、候補画像として抽出。

②候補画像の中から「幾何検証」を行ない、同一物体を探す。

といったものになります。

　このうち、②の「幾何検証」について、物体の変形に対応した「変形対応幾何検証技術」を新たに開発して、「変形対応アングルフリー物体検索技術」が完成しました。

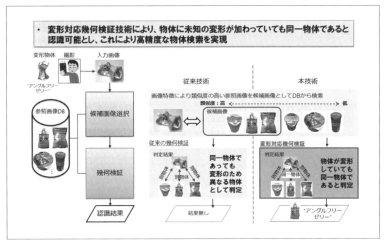

検索の前段階は従来と同様だが、最後の「幾何検証」に新技術が用いられている
(NTTニュースリリース)

　従来の、単純な「画像特徴」の"類似度"にのみ基づいた対応付けでは、変形した物体に対し誤った対応も多く見られました。

　しかし、「変形対応幾何検証技術」を用いれば、変形した物体の中から類似する"一部分"のみを選択して対応付けを行ない、正しく認識できるようになっています。

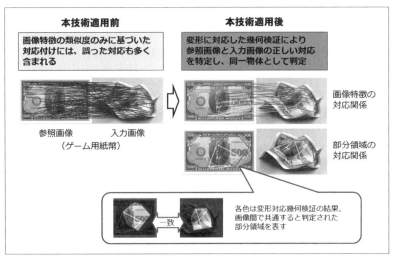

従来技術と今回の「変形対応幾何検証技術」による対応付けの違い
従来技術は変形した物体に無理やり対応付けしようと、誤った結果が出ている。
(NTTニュースリリース)

　具体的には、「入力画像」と「参照画像」間の画像特徴による対応付け結果から、複数の「対応関係間の距離」「回転角度」などの"幾何学的特徴"を使ったクラスタリングを、複数の"部分領域"ごとに行ない、変形に対応した「幾何検証」も可能としています。

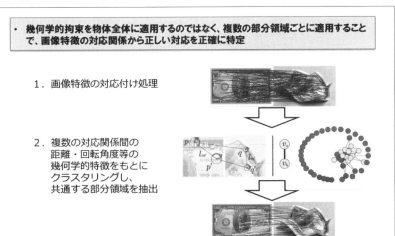

　クラスタリングにより共通する部分領域を抽出できるのが、「変形対応幾何検証技術」の特徴
（NTTニュースリリース）

■ さまざまなパートナーとのコラボレーション

　NTTは今後、同技術の研究開発をさらに進めるとともに、さまざまなパートナーとのコラボレーションを通じて、あらゆる「モノ」や「人」を「ICT（情報通信技術）」でつないで暮らしをより良くする、「デジタル・トランスフォーメーション」の実現を目指していくとしています。

＊

　とりわけ、オリンピック開催となる2020年は大きな節目とも考えられ、同技術を用いたさまざまなデモンストレーションが行なわれるのではないでしょうか。

通信・暗号の未来技術

> この章では、ワイヤレスでの自由な電力取引を目
> 指す、「電力5G」や、次世代「光ファイバ」の「通信
> 大容量化」技術として注目されている「光渦多重器」
> の他、「量子コンピュータ」でも破ることが難しい、
> 新しい「暗号技術」などを紹介します。

4-1 「電力5G」が実現するワイヤレスな未来

■「ワイヤレス給電」が発達した未来

　来るべき未来、「MaaS」(Mobility as a Service) を実現した社会では、「AI」
「自動操縦」「EV」「カーシェアリング」が一般化し、「無線通信による自動車の
制御」が可能になっているでしょう。

　さらに、「Home to Vehicle」(住宅対自動車)および「Vehicle to Vehicle」(自
動車対自動車)の「ワイヤレス給電」が実現されることで、「エネルギー制御を
含めた車群制御」を可能とする「次世代モビリティ・インフラ」の創出が期待さ
れます。

　つまり未来では、ありとあらゆる場所に、「電力会社の電柱」や、「個人家屋
のソーラー発電」などの「ワイヤレス給電」の基地局ができるかもしれません。

　ということは、「電気自動車」をはじめ「携帯電話」「ドローン」など、「電力」
を必要とするさまざまなものが、「基地局」の近くを通りがかるだけで「ワイヤ
レス給電」を受けられるようになります。

そのため、バッテリ切れの心配がなくなることも考えられます。

このような「電力基盤」の上に、次世代の「移動インフラ」が誕生するかもしれないのです。

＊

そんな社会を作り上げるために必要な技術を「電力5G」と名付け、その完成を目指すとして、みんな電力株式会社(以下、「みんな電力」)と京都大学が共同研究を開始した、との発表がありました(2019年3月27日)。

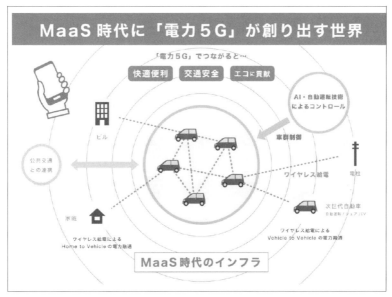

「電力5G」が創造する次世代移動インフラのイメージ
(みんな電力プレスリリース)

■「みんな電力」とは

「みんな電力」(東京都世田谷区)は、「電力小売事業者」の1つで、「顔の見えるでんき」というユニークなコンセプトで注目を集めている企業です。

＊

「顔の見える」と言えば、道の駅で生産者の写真などが添えられた野菜販売をよく見掛けます。

その写真を見ることで「大事に作られた野菜なんだなあ…」という思いが沸き起こり、野菜の価値がさらに上がったように感じます。

それと同じように、「電気も実際に作っている人たちを知ることで、どうい

うふうに自分の使う電気が作られているかを知り、よりエコへの関心をもってもらおう」というコンセプトで行なわれているようです。

　同社のWebサイト（https://minden.co.jp）には、「電気の生産者の皆さん」といった形で発電所の一覧が掲載されています。

　それを見て、顧客はそれぞれ自分の選んだ発電所から、電気を購入することができます。

■ 電気の産地証明

　さて、自分の好きな発電所を選択したはいいものの、電気は電気。

　送られてきた電気が、本当に選択した発電所のものか判別することは不可能です。

　そこで、「みんな電力」では、電気を購入したことに実感をもてるように、「ブロック・チェーン技術」を用いた「電気の産地証明」の発行に、2018年から取り組んでいます。

　実際のところ、「電気」は「送電網」に入った時点で他の電気と一緒になるため、どこから来たか判別のしようがありません。

　しかし、正しい「トラッキング情報」があることで、「発電量」と「使用量」を突き合わせて、その発電所から買った、という実感を得ることができます。

　また、「ブロック・チェーン」で電気の移動を正確にトラッキングする技術は、「電気の産地証明」の他に、企業間や個人間での「P2P」による「電力 直接取引」の可能性を広げます。

　現在、一部の「携帯通信 事業者」が実施しているユーザー間での「通信量シェア」のように、電力を「トークン化」して、自由に取引しようというものです。

　その「取引記録」に、「ブロック・チェーン技術」が役立ちます。

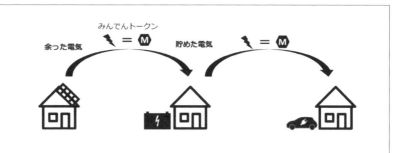

「トークン」による「電力シェアリング」のイメージ
(「みんな電力」プレスリリース)

■「ワイヤレス」で「電力シェアリング」

ここまでが"前置き"になりますが、「P2P」による「電力シェアリング」の考えは、「有線」よりも「ワイヤレス」で、一層引き立ちます。

先述したとおり、「ワイヤレス電力シェアリング」のシステムが普及した世界では、さまざまな行先で見ず知らずの基地局から「ワイヤレス給電」を受けられ、「バッテリ切れ」を心配する必要がなくなるでしょう。

そして、このような「ワイヤレス給電」の普及した社会を目指すために、「みんな電力」と「京都大学」が共同研究をスタートさせたのです。

■ 研究が進む「ワイヤレス給電」と問題点

「ワイヤレス給電」の技術は、「電動歯ブラシ」や「スマホ」の充電などで、すでに実用化されています。

昨今は、その「伝送距離」を延ばし、または「伝送効率」を高める技術開発が盛んです。

技術的課題や人体への影響などの課題はまだ残されているものの、いずれは「充電パッド」に置いたりしなくてもよくなるかもしれません。

「スマホを使いながら充電」したり、さらには「走行しながら電気自動車を充

電できる」という未来も、夢ではないでしょう。

＊

　ただ、こうしたさまざまな「ワイヤレス給電サービス」が実用化されると、多数の「電力」や「電波」が空中を飛び交うこととなります。

　このような状況になると、いくつかの問題も想定されます。

＊

　その一つが、「電力の混信」です。

　「自分のスマホを充電するつもりが、隣の人のスマホが充電されてしまった」というようなケースも考えられます。

　あるいは、「電力のハッキング」といった犯罪行為が出てくるかもしれません。

　「電力」がハッキングされて、重要な施設や設備が停電すれば、甚大な被害が発生することは想像に難くありません。

■「カオスCDMA」で問題解決

　今回の発表では、この「ワイヤレス給電」の問題を解決する手段として、「カオスCDMA」と呼ぶ、「暗号化通信変調技術」が有用であると述べられています。

　「カオスCDMA」は、日本発の「通信コア技術」で、共同開発を進める「京都大学」の梅野健教授が発明者です。

　「スペクトル拡散通信」（CDMA）の「スペクトル拡散符号」を「カオス拡散符号」にすることで、「超多重 ユーザー接続」を可能にする技術です。

　「カオスCDMA」によって、「電力 周波数帯」の「電力信号」を実質「暗号化」して変調します。

　「付加された暗号」を「指定の給電先」だけが「復号」できれば、「混信」や「セキュリティ」の問題を回避できます。

＊

　ほかにも、「暗号化」によって「電力」を個別に「識別」することが可能になるため、"多対多"の「ワイヤレス給電」が可能になるとしています。

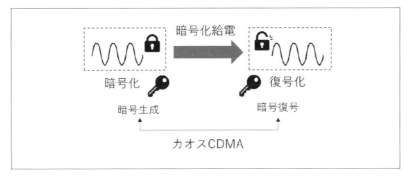

ワイヤレスの電力そのものを暗号化してしまう
（みんな電力プレスリリース）

さらに、「暗号信号」に加えて「給電元」「給電先」「給電量」「電力の由来」「取引価格」「電力選択の優先順位付け」などの「取引情報」を付加することで、「給電取引」や決済までもが可能となります。

ここに「ブロックチェーン技術」が活きそうです。

> ※なお、「ワイヤレス給電」には「磁界 結合 方式」や「マイクロ波 方式」「レーザー方式」などさまざまな方式がありますが、この「暗号化技術」は、どの方式であっても適用可能とのことです。

■ これが「電力5G」

「みんな電力」と「京都大学」は、共同でこの「ワイヤレス給電の研究」および「実用化研究」を進めています。

同時に、実用化に関しては、多対多およびセキュリティの機能を備えた「ワイヤレス給電」の規格を「**電力5G**」と名付けました。

これについて、京都大学や自動車メーカーなどの各種パートナー企業との産学の力を結集し、この日本発のコンセプトとなる「電力5G」の世界標準を目指す、としています。

「誰もが再生可能エネルギーである電気をつくり、ワイヤレスによって自由にシェアする」——そんな未来の到達が待ち遠しいです。

4-2　既存機器を活用し、「光伝送」の大容量化を実現

■ 既存機器を用いて「光伝送容量」を拡大

　(株) 富士通研究所 (以下、富士通研究所) は、データセンタ間をつなぐ「光ネットワーク」において、新たな送受信器を開発しなくても、光ファイバの伝送容量を拡大できる「**超大容量光波長多重システム**」を開発したと発表しました。

　一般的に光ファイバの伝送容量を拡大するには、①利用する光ファイバの「本数」を増やすか、②1本の光ファイバに通す「バンド」(波長帯域) を増やす──という2つの手法があります。

　②の「バンド」を増やすほうがコスト的に容易ですが、それでも各バンドに対応した「新たな送受信器」の開発が必要です。

＊

　今回、富士通研究所は、「Cバンド」の光信号を「Lバンド」や「Sバンド」などの新しい波長帯域※に一括変換し、受信時には元の「Cバンド」に戻すように再度変換する、世界初の「広帯域 波長変換技術」を開発。

　その技術をもって、「Cバンド」の光信号を「Lバンド」「Sバンド」にそれぞれ変換後、「Cバンド」とともに多重化して送受信をするシステムを開発しました。

　これによって、新バンドに対応した送受信器を使わなくても、既存の送受信器を用いて伝送容量拡大を実現できる原理の確認に成功したとしています。

※国際標準規格「ITU-T」で規定されている、光伝送で使われる波長帯域。
「Cバンド」は「1,530nm〜1,565nm」波長帯域で、「Lバンド」は「1,565nm〜1,625nm」波長帯域、「Sバンド」は「1,460nm〜1,530nm」波長帯域となっている。

■ 「8K」や「5G」で増え続けるデータ伝送

近年は、インターネットを通じた「動画配信」や「SNS」などによって、データセンタで処理するデータ量が指数関数的に増大してきています。

今後、「5G」や「8K」の普及に伴い、さらなる爆発的なデータ流通が発生することは、想像に難くありません。

*

データセンタ事業者は、データセンタ間を「光ネットワーク」でつないで、「ディザスター・リカバリを目的とした分散保存」や「高速化のための分散処理」を行なっています。

しかし、データ容量のさらなる増大に備えて、「データセンタ間の伝送容量」を拡大する必要があると考えられています。

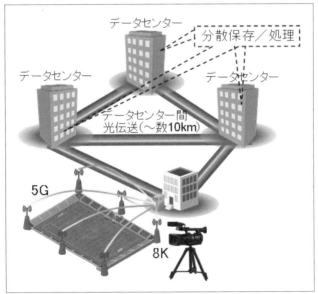

「5G」や「8K」によるデータ増大が見込まれる
(富士通研究所プレスリリース)

特に、2020年東京オリンピックは、「5G」と「8K」をキーテクノロジーとした、さまざまな新技術のデモンストレーションの場になるとされており、間近に迫った一大イベントを前に、土台を支えるITインフラの拡大整備は急務とされています。

■「伝送容量」の拡大には多大なコストが必要

　先で述べたように、データセンタ間の伝送容量を拡大する場合、まずは光ファイバの「本数」を物理的に増やすことが考えられます。

　しかし、これでは本数に応じた追加費用がかかるため、大きな負担になります。

　一方、一般的に「光ネットワーク」では伝送効率の良い「Cバンド」が使われています。

　データセンタ間の距離が「数10km」の中距離伝送においては、「Lバンド」や「Sバンド」など他の波長帯域を活用しても伝送損失の影響は少ないと見られており、それらの使われていない波長帯域を活用することも検討されています。

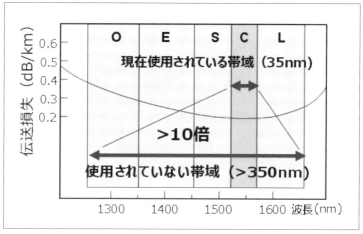

光ファイバでは主に「Cバンド」のみ用いられているが、
まだ使われていない帯域がある(ただし伝送損失も大きい)
(富士通研究所プレスリリース)

　ただ、「Cバンド」以外の新しい波長帯域を併用するにしても、各バンドに対応した送受信器をそれぞれ新規に開発する必要があります。

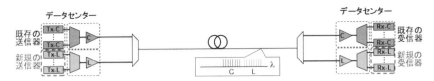

いままで使われていなかった帯域を用いれば「伝送容量」は拡大するが、
それに応じた「新バンド対応の送受信器」が必要となる。
(富士通研究所プレスリリース)

いずれにせよ、相応のコストを覚悟しなくてはなりません。

■「波長変換」を用いた低コストな方式を提案

　富士通研究所は今回、送信器から出力される「Cバンド」の光信号を、新たな波長帯域に一括変換して伝送し、元の波長帯域に戻るように変換してから受信器に入力する、「超大容量光波長多重システム」を開発しました。

　その肝となるのが、新たに提案された「波長変換技術」で、概要は次の通りです。

[1]「Cバンド」の光信号に2つの「励起光」を加えて、波長が混載した信号を生成。

[2]屈折率が変化することによって別の波長を生じる「非線形光学媒質」に通すことで、光信号を新たな波長帯域に移動。

[3]同様の原理を使い、伝送後の光信号を受信器側で「Cバンド」に戻す。

　開発技術では、2つの「励起光の波長をそれぞれの「非線形光学媒質」がもつ波長分散の特性に基づいて制御することで、光信号を任意の波長帯域に変換しています。

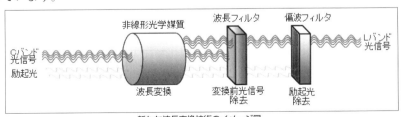

新たな波長変換技術のイメージ図
(富士通研究所プレスリリース)

　また、2つの「励起光」に対する制御を同期することで、波長変換後の光信号に重畳するノイズを低減できるため、「高効率の波長変換」と「光信号の品質確保」の両立が可能となったとしています。

波長変換技術を用いた伝送容量拡大のイメージ図
送受信器は、既存の「Cバンド」用のものをそのまま活用できる。
(富士通研究所プレスリリース)

■ 伝送容量は「3倍」に

　富士通研究所は本技術を用いて、「Cバンド」の光信号を「Lバンド」「Sバンド」にそれぞれ変換後、「Cバンド」とともに多重化して、送受信を行なうシステムを試作しました。

　結果として、新しい波長帯域の送受信器を使うことなく、「3倍」の波長帯域拡大の原理確認に成功したとのことです。

　また、この技術では、さらに異なる帯域を用いた伝送もでき、必要に応じて伝送容量を「2倍〜10倍」へと拡大することが可能だとしています。

　これによって、データセンタに設置されている送受信器だけでなく、今後開発される最新の「Cバンド」用の送受信器を、即座に「Cバンド」以外の新しい波長帯域で活用することができるようになる、と富士通研究所では考えています。

*

　富士通研究所では、富士通の提供する光伝送システム「FUJITSU Network 1FINITY(ワンフィニティ)」の新ラインナップへの本技術適用を2019年度までに目指すとしています。

　超大容量データ伝送時代の幕開けとなる2020年に向けて、データセンタ事業への展開と新規ビジネス創出の礎となることが期待されます。

4-3 「シリコン・フォトニクス」技術による「光渦 多重器」

■急務となった「光ファイバ」の通信大容量化

まもなく到来する「5G」時代は、あらゆる機器が低遅延で大容量の「無線ネットワーク」につながっていきます。

そのネットワークを活用した、さまざまなサービスによって、私たちの生活をより豊かにすることが目標です。

この「5G」による新たな社会を実現するために、何万台もの端末に、同時に数100Mbpsの「データ通信」を行なうような、高速「無線通信」技術の開発が進められています。

そして、それらの「無線通信」技術と同じくらい重要なのが、「無線基地局」と「データセンター」間をつなぐ、「基幹ネットワークの大容量化」です。

「基幹ネットワーク」…つまり、「光ファイバ」による「有線通信」の"大容量化"や"低コスト化"は、常々掲げられてきた問題です。

しかし、「5G」時代の到来を目前に、ますますその重要性が増しています。

■既存の「光ファイバ大容量化技術」

まず、押さえておきたい知識として、既存の「光ファイバ」の「大容量化技術」には、①「WDM」(波長 分割 多重)と、②「マルチコア・光ファイバ」というものがあります。

それぞれ、簡単に説明しておきましょう。

①WDM(波長 分割 多重)
「WDM」(Wave Division Multiplexing)は、「波長」の異なる複数の光を、1本の「光ファイバ」にまとめて通すことで、「通信の大容量化」を実現する技術です(図1)。

送信側と受信側でそれぞれの「波長」ごとに異なる「レーザー光源」と「受光

器」が必要となります。

　その敷設されている「光ファイバ」を、そのまま大容量化できるのが、大きなメリットです。

　「ネットワーク・インフラ」を支える通信事業者の「基幹ネットワーク」では、数十〜数百もの「波長」を多重化する、「DWDM」(Dense WDM)が用いられており、「1,000波以上」を多重化する「スーパーDWDM」も登場しています。

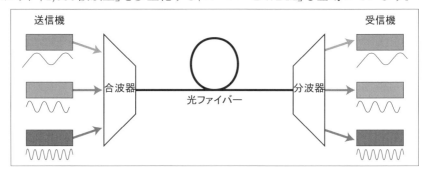

複数の異なる「波長」を多重化して、「大容量化」を図る「WDM」

②マルチコア・光ファイバ

　「マルチコア・光ファイバ」とは、「光ファイバ」の「クラッド」（光ファイバの外装）の中に、複数の「コア」（光の通り道）を通すことで複数の情報を一度に伝送し、大容量化を図る技術です。

　単純に言えば、複数の「光ファイバ」を1本にまとめたものなので、大容量化するのは当たり前と思うかもしれません。

　しかし、各「コア」間での「信号光の漏れ込み」（クロストーク）などの問題もあります。

　また、単純に「光ファイバ」の直径を大きくして複数の「コア」を詰め込むのでは意味がないため、「細い光ファイバに、いかにコアを詰め込めるか」といった研究開発が、現在進められています。

　2017年には、既存と同じ「直径125μm」のケーブルを「4コア」にした、「マルチコア・光ファイバ」で、「118.5Tbps」の伝送に成功しています。

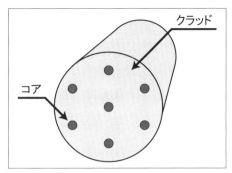

マルチコア・光ファイバ
1本の「光ファイバ」に複数の「コア」を通すことで、大容量化を図る。

■ さらなる大容量化へ向けて

　さて、先に挙げた「大容量化」技術によって、ネットワークは飛躍的に進化してきました。

　しかし、これからの「5G」時代を見据えると、まだ、さらなる大容量化が求められます。

　そこで、従来とは異なるアプローチからの大容量化についても、さまざまな研究開発が進められています。
　たとえば、「光の位相」を利用した「コヒーレント光通信技術」が、実用レベルに達してきています。

＊

　他にも、光の2つの自由度（「偏波」と「光渦」）を積極的に利用した伝送方式が注目されています。
　特に、光の「軌道角運動量」にあたる「**光渦**」の工学的応用には未開拓の領域が多く、今後の研究において重要視される分野です。

＊

　今回紹介するのは、この「光渦」を利用した「光信号の多重化技術」になります。

■「光渦」(ひかりうず)とは?

　「光渦」は、「伝搬軸」のまわりに"らせん状"に波面がねじれた光で、「等位相面」が1波長で「2πの整数倍(2π×l)」(「l」は光渦モードの「チャージ数」と呼ばれる)となるように分布しています。

　「チャージ数」の異なる(ねじれ度合いの異なる)モードは互いに直交性があるため、理論上はそれらを"無限に多重化できる"とされています。

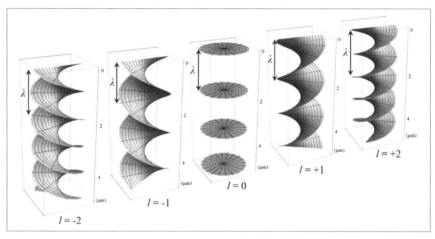

5つの「光渦」の「等位相面」
(JSTプレスリリース)

*

　「光渦」は、「マルチコア・光ファイバ」との整合性にも優れていることから、次世代の「多重化」技術の最有力候補と言われています。

　近年、南カリフォルニア大学やカリフォルニア大学デービス校などのグループを中心とした研究で、「『光渦多重』と『波長多重』を組み合わせた「100Tbps」級の伝送に成功した」との報告もありました。

■「シリコン・フォトニクス」技術によるモジュール実装に成功

そして、2019年3月5日、東京工業大学と産業技術総合研究所(JST)の共同研究グループは、光通信帯域に対応した、「**光渦多重器**」の開発を発表しました。

「シリコン・フォトニクス」技術を用いることで波長無依存性な「光渦合分波」に成功し、世界で唯一のモジュール実装されたデバイスを実現した、とのことです。

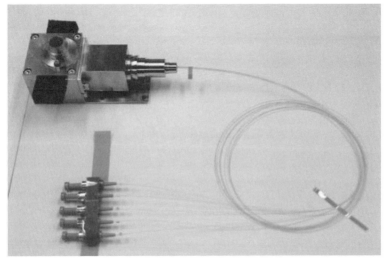

開発したモジュール
5つの「ポート」を備える。
(JSTプレスリリース)

開発した「光渦多重器」は、「スター・カプラ」と「光渦ジェネレーター」の2領域から構成されています。

*

まず、「入力光」は「スター・カプラ」において特定の「位相差」をもった、複数の「出力光」に分波されます。

その後、それらの「位相差」を維持したまま、「光渦ジェネレーター」から光を取り出すことで、「光渦」を生成しています。

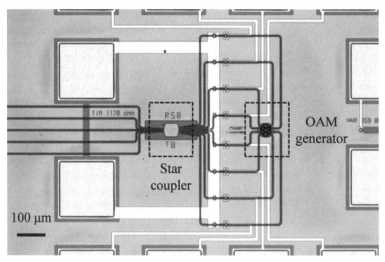

「光渦多重器」の顕微鏡画像。「光渦ジェネレーター」で光を「らせん」状に捻る
(JSTプレスリリース)

　「光渦ジェネレーター」は、3次元に湾曲する「シリコン導波路」の出射端が
同心円上に並んだ構造となっています。

　導波路を伝搬した光は、自動的に「空間位相」が同心円上に分布した光に変
換されます。

＊

　今回の開発品における最大の特徴は、「イオン注入技術」による「**3次元湾曲
シリコン導波路**」にあります。

　これによって、低損失で波長に依存しない、「光渦ジェネレーター」を実現
できた、としてします。

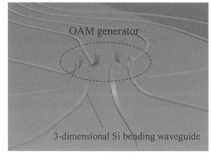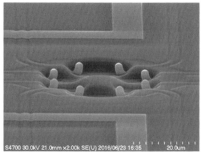

「光渦ジェネレーター」の概要図と走査電子顕微鏡画像
(JSTプレスリリース)

＊

　なお、「空間位相変調器」を用いて各「チャージ数」を有する「光渦信号光」を
生成し、それを本モジュールに導入したときの、各「ファイバ・ポート」から
の「光出力 強度」を計測も行なわれました。

　結果は、入射光の「チャージ数」に対応した「ファイバ・ポート」から光が観
測され、5ポートすべての測定結果から、ポート間の「クロス・トーク」とし
て「23dB超」が得られたとのことです。

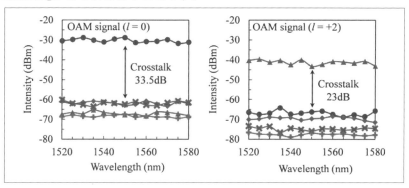

各「ファイバ・ポート」の出力特性(チャージ数「0」と「+2」を抜粋)
(JSTプレスリリース)

■ 特徴と展望

　「光渦多重方式」を実用化して「光ファイバ通信システム」に適応するために
は、以下の条件が強く求められます。
①集積チップ化
②既存の「多重化技術」との併用性
③各種ファイバ・システムに合わせた汎用性

　研究グループによると、今回発表した「光渦多重器」の特徴は、これらの条
件を満たすものになった、とのことです。

＊

　「光渦多重方式」は、理論上、「無限チャネル多重化」が可能であることから、
次世代の大容量伝送の「コア技術」として期待されています。

　今後は、「**波長分割多重**」や「**偏波多重**」などの既存の多重方式を併用するこ
とで、2023年までの実用化を目指す、としています。

量子コンピュータ時代の「新暗号技術」

■「量子コンピュータ」にも強い新暗号技術

「国立研究開発法人 情報通信研究機構」(NICT)は、「量子コンピュータ」でも解読が困難な「格子理論」に基づく新暗号方式「LOTUS」(ロータス)を開発したと発表しました(2018年1月11日)。

「LOTUS」の特徴としては、「量子コンピュータ」でも解読が難しい「耐量子性」をもち、また、ブラウザ、データベースなどに組み込み可能な汎用性があることなどが挙げられます。
そのため、暗号の専門家でなくても、安全に使用できる暗号技術となっています。

■「量子コンピュータ」が暗号技術を無力化する

世界を動かすインフラとして、欠かせない存在となったインターネット。

インターネット上には、重要な「個人情報」から、ときには「国家機密」に至るまで、さまざまなデータが流れています。
私達が普段利用しているネットショッピングや金融機関サービスでも、「カード情報」や「口座情報」「パスワード」といった、財産に直接関係する重要データが送受信されています。

そして現在のインターネットでは、これら重要データの漏洩を防ぐ手立てとして、「データの暗号化」が用いられています。

インターネットの通信は、基本的に"バケツリレー"のようなもので、送信者と受信者の間には「第三者の中継点」がいくつも存在します。
そのため、途中経路での通信傍受も可能で、それを止める手段もありません。

結果として、通信傍受されても大丈夫なように、データそのものを「暗号化」する手法が採られているのです。

*

現在広く用いられている暗号技術は、「RSA公開鍵暗号」と呼ばれるものです。

「公開鍵」と「秘密鍵」という2つの鍵を用意し、「公開鍵」を用いることで、誰でも簡単に暗号化が可能になっています。

暗号化したデータは、「秘密鍵」を持つ者にしか復号化できない(「公開鍵」では復号化できない)ことから、インターネットでの利用にとても都合の良い暗号技術です。

「RSA公開伴暗号」の安全性は、2つの巨大な素数を掛け合わせた数から、元の2つの素数へと「素因数分解」することがとても困難で、力技で解こうとすると、スパコンを用いても「数千年〜数万年」単位の時間が必要だという事実によって担保されています。

このことから、「RSA公開鍵暗号」を解読することは事実上不可能だったわけですが、これを脅かす存在が1つだけ存在します。

それが「量子コンピュータ」です。

＊

「量子コンピュータ」はある特殊なアルゴリズムを実行するときのみ実力を発揮する特殊なコンピュータですが、「RSA公開鍵暗号」の心臓部である「素因数分解」を超高速に解くアルゴリズムが、すでに発見されています。

そのため、「量子コンピュータ」を用いれば、「RSA公開鍵暗号」を現実的な時間で解読できてしまうことが、数学的に証明されています。

あとは「量子コンピュータ」の実用化という時間的な問題だけであり、「RSA公開鍵暗号」はいずれ無力化することが定められているのです。

■ 新しい暗号技術が求められている

近年は「量子コンピュータ」の発展も目覚しく、「RSA公開鍵暗号」の無力化がより現実的な問題として迫ってきています。

そのため、「RSA公開鍵暗号」に代わる、「量子コンピュータ」にも解けない、新しい暗号技術(耐量子計算機暗号)の標準化が急務となっています。

＊

「米国立 標準技術研究所」(NIST)では、2016年より「耐量子計算機暗号」の標準を決めるための標準化プロセスが開始されており、世界中から82件の

応募がありました。

　そのうち69件が、候補として今後の議論の対象となります。

　今後は、3年以上かけて、安全性、実行速度、拡張性などの観点から、複数の暗号方式が選ばれる予定です。

　今回紹介する「LOTUS」も、「NIST」の暗号技術標準化に応募し、選考を通過したもののひとつとなります。

■ 新暗号方式「LOTUS」

　「LOTUS」は、

> 「Learning with errOrs based encryption with chosen ciphertexT secUrity for poSt quantum era」

の略称で、「格子暗号」を用いた新暗号方式になります。

　「格子暗号」は、「耐量子計算機暗号」の有力候補として挙げられる技術です。
　「NICTセキュリティ基盤研究室」でも開発と安全性評価に取り組んできており、これまでにいくつかの研究成果発表も行なわれてきました。
　その知見を活かし、今回、「耐量子性」だけではなく、「汎用性」をもった「格子暗号方式」の開発に取り組んだとしています。

　「格子暗号」にはいくつかの方式がありますが、それらの中でも最も安全性に関する理論の研究が進んでいる「LWE問題」※に基づく方式を選択しています。

> ※LWE (Learning with Errors)問題
> 　変数よりも式の数が多い連立一次方程式において、左辺と右辺の差が小さくなるような整数解を求める問題。
> 　パラメータによっては、「格子の最短ベクトル問題」と同等の難しさとなることが証明されているため、量子コンピュータを用いてもその求解には非常に時間がかかると予想されている。

＊

では、暗号化の概要を簡単に見ていきましょう。

　「格子暗号」では、すべてのデータは「行列」や「ベクトル」で表現されます。
　暗号化処理は、一度「平文ベクトル」をスクランブルした後、それを復元に必要な「付加情報」とセットにして、「暗号文ベクトル」とします。
　復号時には、「秘密鍵」と「付加情報」から、暗号文のスクランブルを解除するための情報を復元し、平文を計算します。
　…というのが、暗号化の一連の流れです。

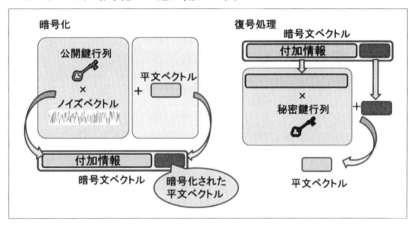

「格子暗号」の概要図
(NICT プレスリリース)

　また、見て分かるとおり、「公開鍵」と「秘密鍵」を用いる「公開鍵暗号」に属する方式で、インターネット利用での親和性も高いと言えるでしょう。

■ 暗号技術としての汎用性

　以上が「格子暗号」の概要ですが、実際にシステムへと組み込む際には、データ破損などへの対応が必要になります。

　たとえば、保存してある「暗号文ベクトル」が記録メディアの損傷などで元と異なるものに変化してしまった場合、その暗号文を正しい鍵で復号しても、元の平文は得られません。

　また、悪意のある攻撃者によって意図的にデータが破損されることで情報を復元不可能にされてしまうか、無理やり破損した暗号文を復号した結果を利用して、ほかの秘密情報を読み取られるといった危険性もあります。

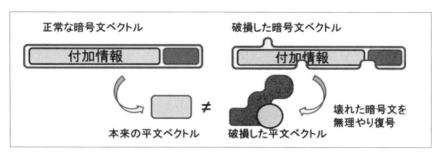

破損した暗号データは悪用される危険性がある
（NICTプレスリリースより）

*

　このような暗号文破損への対策として、「LOTUS」では暗号化の際に暗号文とその枠の形を示す情報を一度にパッキングし、復号の直前にそれらを比較して、暗号文の破損が起きていないことをチェックする機構が付け加えられています。

　データが破損していた場合、上と下で枠の形が異なるため、データの異常を検知して復号を中断でき、これで攻撃者が余分な情報を得ることを防げます。

　このチェック機構の追加を、専門的には「藤崎・岡本変換」と呼びます。

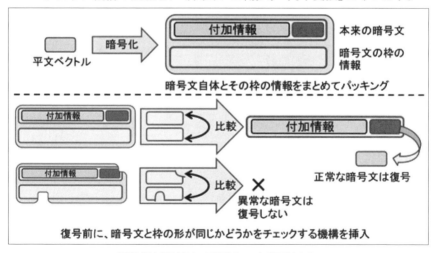

「藤崎・岡本変換」によって破損チェックが可能となる。

*

このように、暗号そのものの安全性はもちろんのこと、システム全体の安全性まで考慮した機構を組み込み、数学的に説明したものを「暗号技術の汎用性」と言います。

さまざまなシステムに組み込む暗号技術には、この汎用性が不可欠であり、それを備える「LOTUS」は、数多くの分野での活用が期待できる暗号方式だと言えます。

*

さらに「NICT」では、「格子理論」に基づく暗号技術の「安全性評価手法」を同時に開発し、暗号の長期利用に適したパラメータ設定を可能としました。

この「安全性評価手法」は、他の「格子暗号方式」を評価することも可能であるため、多数提案されている「格子暗号」同士を統一的な基準で評価することによって、公平な議論に役立つと期待されます。

4-5 プライバシー保護に対応した「医療データ解析暗号技術」

■「ビッグデータ」を医療に活用

健康や医療に関する先端的研究開発、および新産業創出を促進し、健康長寿社会の形成に資することを目的とした、「医療分野の研究開発に資するための匿名加工医療情報」に関する法律、「医療ビッグデータ法」が2017年に整備。

医療分野において多くの患者の医療データをビッグデータ化し、新たな治療法の発見など医療の発展に役立てようという動きが盛んになってきています。

ただ、患者の医療データと言えば、プライバシーの塊。
その扱いには、十二分の注意を払わなければなりません。

■「準同型暗号」を用いて医療データを保護

医療データの情報漏えいなどに対する安全策として、「暗号化」はとても有効です。

そこで「暗号化」したままのデータに対して演算が可能な暗号方式、「準同型暗号」を用いた「プライバシー保護データ解析」の研究が進められています。

*

「準同型暗号」とは、暗号化されたデータに対して、加算と乗算を行なうことのできる技術です。

暗号文のままで加算や乗算を組み合わせたさまざまな演算ができるので、「プライバシー保護データマイニング」などへの応用が期待されています。

＊

暗号文のままデータ処理が可能ならば、データ処理の過程で情報が漏れる心配もなくなります。

データを明かすことなく第三者に解析処理を依頼する場合など、データそのものを組織間で受け渡すことが難しい「医療分野」や「金融分野」での統計処理などに適しているとされています。

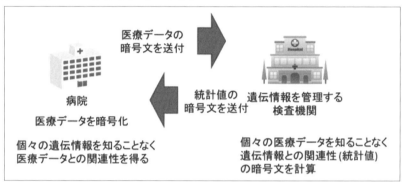

「暗号化」した医療データを用いることで、第三者機関に解析を依頼する場合でも、
患者のプライバシーを守ることができる
（NICTプレスリリース）

■ 誤データ混入防止など、より実用性の高い技術を実証

以上のような医療分野におけるビッグデータ活用の流れの中で、NICTセキュリティ基盤研究室（以下NICT）および筑波大学（三重大学との協力の下）が、「暗号化した医療データ」の中身を確認せずとも、「解析対象の医療データ」であるかを判断することのできる、より実用性の高い暗号方式の性能を実証できたとの発表がありました（2018年7月18日）。

＊

医療データの暗号化、および「準同型暗号」を用いたデータ解析は、「患者のプライバシー保護」の観点からは十二分に効果を発揮します。

しかし、たとえば間違ったデータ（解析対象とは関係のない病気の患者データなど）が混入していた場合でも、暗号文の状態では内容が判別できないた

め、そのままデータ解析に混ざってしまう危険があります。

これではデータ解析として信頼性が低く、人の命を預かる医療分野では使用がためらわれると考えられても仕方ありません。

かと言って、解析前に暗号文を一度復号し、解析対象データであることを確認しようとするならば、データ解析を依頼する第三者に内容を開示することになり、プライバシー上の懸念事項となってしまいます。

暗号文を復号せず、中身を見ることなく、それでもそのデータが正しく対象データであるか判別する技術が必要なのです。

■「まぜるな危険準同型暗号」を応用

そこで用いられたのが、同じくNICTが中心となって開発した、「誤データ混入防止機能」をもつ準同型暗号方式、「まぜるな危険準同型暗号」です。

＊

「まぜるな危険準同型暗号」は、データとは別に「キーワード」も同時に暗号化。

そして、準同型演算を行なう暗号文同士が同じ「キーワード」に関連しているか否かを、「キーワード」そのものを知ることなく判別できる暗号技術です。

それぞれの暗号文に織り交ぜられている「キーワード」が同一であれば、
そのまま正しく準同型演算が行なわれる
(NICTプレスリリース)

また、

・「キーワード」が異なる暗号文同士で準同型演算を行なった場合には警告を発する。
・警告を無視して無理やり準同型演算を行なった場合、復号時に判定可能になる。

といった機能を実現しています。

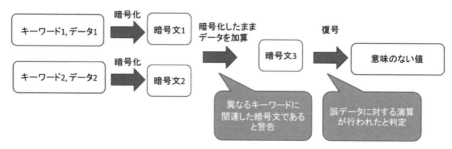

キーワードが異なる場合、準同型演算時に警告が出るほか、演算結果が意味のないデタラメなものとなる(NICTプレスリリース)

■ 実証実験の内容

　実証実験は、病気の「罹患情報」と「遺伝情報」を解析対象データとし、「ある病気を罹患していること」と「ある遺伝的特徴をもつこと」との統計的な関連性を解析するシナリオを想定して行なわれました。

　具体的には、病院が「病気の有無に関するデータ」を暗号化し、遺伝情報を管理する検査機関に暗号文を送付、検査機関が遺伝情報との統計的な関連性を計算することを想定します。
　この際、検査機関側は各個人の病気データを、病院側も各個人の遺伝的特徴データをそれぞれが知ることはありません。

　また、仮に別の病気の医療データの暗号文が混在した場合でも、「まぜるな危険準同型暗号」によって、検査機関側で検出可能です。

　さらに、検査機関側は暗号文を演算するのみであり、その結果である統計値は検査機関側に知られることなく、病院側でのみ結果が分かることになります。(暗号化したまま演算を行なうため、結果も暗号化されており、結果の復号には病院側がもつ「秘密鍵」が必要)

　実際の実験においては、解析値として「遺伝的特徴を持ち、かつ、病気を罹患している人の数の暗号文」を計算しています。
　「約4,500名」のデータに対し、「1分弱」で暗号化及び解析が完了すること、また、異なる病気の医療データの暗号文が混在した場合でも「数ミリ秒」程度で検出できることが確認されています。

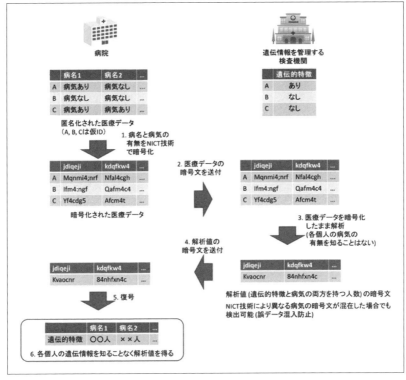

「暗号化した医療データ」と「検査機関側の遺伝情報」を併せてデータ解析する流れ
(NICTプレスリリース)

本実験は、医療の発展目的への使用に関する患者の同意を得て三重大学病院が収集した匿名化された医療データを用い、三重大学内の外部のネットワークからはアクセスできない環境にて行なわれたとのことです。

■ 今後の展望

本技術により、医療分野において、多くの被験者から収集したデータを、プライバシーを保護したまま解析することが可能になります。

さらに、その解析結果に対象外のデータが混入していないことを暗号理論的に証明することで、解析結果の妥当性を向上させることにつながります。

これによって、新たな診断方法や治療法の早期、かつ効率的な発見につながることが期待されます。

素材の未来技術

> 「光プロセッサ」実現に欠かせない重要技術の1つ
> 「ナノワイヤ・レーザー発振」や電子デバイスの新た
> な可能性を拓く「透明デバイス」「静電気を貯める液体」
> などの、新しいものを作るために開発、研究された「素
> 材」を紹介します。

5-1　　　　ナノワイヤ・レーザー発振

■未来の「シリコン・フォトニクス」に不可欠な技術

コンピュータの未来を語る上で欠かせない技術のひとつに、「シリコン・フォトニクス」が挙げられます。

現在、コンピュータの配線として一般的に使われている「メタル配線」と比較して、伝送速度や消費電力、発熱の面で優れる「光技術」をコンピュータに取り入れていこうという動きは古くからあります。

現在は、この「光技術」をコンピュータ内部にまで適用させていこうという過渡期にあたり、さまざまな企業、研究機関で研究開発が進められています。

＊

さて、コンピュータ内部にまで「光技術」を適用しようと考えた場合、1つの障壁となるのが「コストの問題」です。

大雑把に言うなら、金属の線をただつなぎさえすれば信号伝送できる「メタル配線」と違い、「光接続」には、「発光」「変調」「受光」という複数のデバイスが必要となるため、それだけコストが増えるのです。

このコストを抑えるため、低コストで大量生産可能な半導体技術で、さまざまな光デバイスを開発しようとするものを、「シリコン・フォトニクス」と呼びます。

*

「シリコン・フォトニクス」の現状としては、半導体チップにさまざまな「光デバイス」を組み込むことが可能となってきています。

たとえば、指先サイズの小さなパーツで、「超高速光ファイバ・インターコネクト」(サーバ間を「100Gbps」で接続)を実現するといった製品も実用化されています。

今後は、コンピュータ内部のチップ間接続にも「シリコン・フォトニクス」が用いられるようになり、最終的には半導体プロセッサの内部配線そのものを「光回路」にしようというのが、「シリコン・フォトニクス」の目標です。

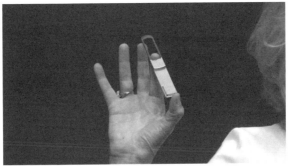

インテルが提供する「シリコン・フォトニクス」を用いたインターコネクト製品(IDF16)

*

半導体プロセッサの内部配線と言うと、現在の最新製造プロセスでは「10nm」や「20nm」といったスケールの世界です。

このような極小サイズの光回路を実現するために、まず不可欠な技術が、シリコン回路内に集積が可能で低消費電力な、「超小型レーザー技術」になります。

*

シリコン回路内への集積実用化を目指す「超小型レーザー技術」は、いくつかの方式が存在します。

今回紹介する「ナノワイヤ・レーザー発振」もそのうちのひとつで、先日大きな進展を伴う研究成果が発表された方式です。

■「ナノワイヤ」を用いた通信波長帯のレーザー発振、変調に世界初の成功

　日本電信電話（NTT）は、光の波長よりもはるかに細い「半導体ナノワイヤ」を「シリコン・フォトニック結晶」上に配置し、「光ナノ共振器」を自発的に形成することで、光通信波長帯において、はじめて「ナノワイヤ」によるレーザー発振、および高速変調動作の実証に成功したと発表しました。

　これは、シリコン回路内に「超小型レーザー」を実現する新しい技術としています。

■ 各技術の概要

　本題の研究成果について紹介する前に、ここまでに記載したいくつかの技術について、概要を説明しておきましょう。

●半導体ナノワイヤ

　特殊な「半導体結晶成長モード」で形成される、「数10〜100nm程度」の直径の1次元微細構造材料です。
　ワイヤ内に異種材料による「ヘテロ接合」や、電流注入のための「PIN接合」など、さまざまな機能構造を成長中に作りこめるのが特徴です。

　ただ、そのサイズは「光の波長」よりもはるかに小さいため、「ナノワイヤ」単体では光を閉じ込めることができず、これまで充分な性能を出すことが困難でした。

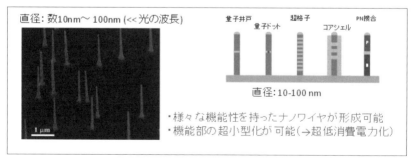

成長過程に材料を追加することで、微細な「ナノワイヤ」にさまざまな機能をもたせられる。
（NTTニュースリリース）

●フォトニック結晶

「屈折率」が光の波長と同程度の長さで、周期的に変調された構造を「フォトニック結晶」と呼びます。

通常は、「シリコン」などの誘電体に、人工的な周期構造を形成することによって作製します。

このようにして作製された「フォトニック結晶」は、「光絶縁体」として機能するため、通常の物質では不可能な強い光閉じ込めが可能になります。

「シリコン・フォトニクス」には欠かせない技術のひとつです。

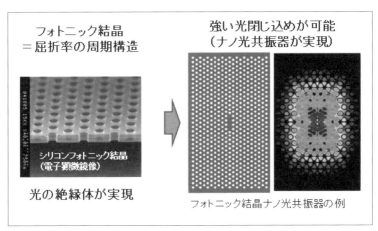

シリコン上に形成された周期構造が光を閉じ込める効果をもつ
（NTTニュースリリース）

●光ナノ共振器

光を空間的に閉じ込める機能をもつ素子を、「光共振器」と言います。

光は狭いところに閉じ込めにくいため、高性能共振器の小型化は一般に難しいとされており、従来、波長の10～100倍程度の小型共振器は、「光マイクロ共振器」と呼ばれていました。

現在は「フォトニック結晶」を用いて、閉じ込め体積が「1立方 μ m」以下の超小型光共振器が実現されており、それを「光ナノ共振器」と呼びます。

■「ナノワイヤ」と「フォトニック結晶」の「ハイブリッド共振器」

これまでにも、「ナノワイヤ」を用いたレーザー発振は実現されてきましたが、「ナノワイヤ」単体では光を強く閉じ込められないため、波長の短い高周波（光通信波長帯）のレーザー発振は不可能でした。

そこで、「ナノワイヤ」を「フォトニック結晶」上に配置することで屈折率変調を実現し、その結果形成された共振器モードによって、レーザー発振を実現しようというアプローチが考えられました。

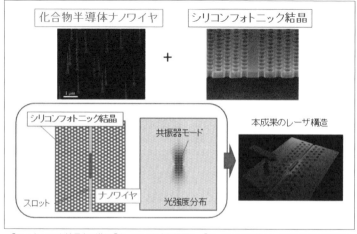

「フォトニック結晶」の溝に「ナノワイヤ」を設置し、「ナノワイヤ誘起ナノ光共振器」を形成
（NTTニュースリリース）

この「ナノワイヤ」「フォトニック結晶」の「ハイブリッド共振器」によって、「ナノワイヤ」単体では難しかった強い光閉じ込めを可能にしたことが、レーザー発振を実現できた重要な技術的ポイントとなります。

*

また、「ナノワイヤ」自体も、レーザー発振に最適化したものが作られました。

光利得を稼ぐために「100層の量子井戸」をもつ「ナノワイヤ」を用い、さらに「ナノワイヤ」の発光の偏り方向を、「共振器モード」と一致させています。

このようなレーザー用に最適化した「ナノワイヤ」を「フォトニック結晶」に適用することで、初めて通信波長帯の「ナノワイヤ・レーザー」を実現することができたとしています。

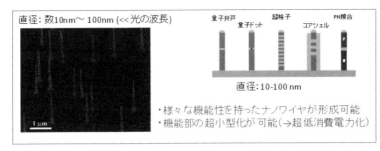

レーザー発振に最適化された「ナノワイヤ」の構造
「ナノプローブ」というマニピュレータを用い、
コロコロと転がすように「フォトニクス結晶」上に配置している。
(NTTニュースリリース)

■「10Gbps」の高速変調と波長制御に成功

　今回の実験では、光励起による「光通信波帯」での「ナノワイヤ・レーザー」連続発振に世界ではじめて成功し、また、「10Gbps」という高速変調動作にも成功しています。

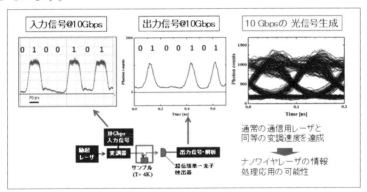

「10Gbps」の高速変調に成功
(NTTニュースリリース)

　また、「ハイブリッド共振器」に用いる「フォトニック結晶」の周期によって、「レーザーの発振波長」は決まるとしています。

　今回は、「ナノワイヤ」を異なる周期の「フォトニック結晶」上に移動させることで、「レーザーの発振波長」が変化、つまり波長制御に成功したことも実証されました。

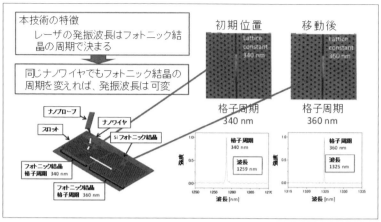

「ナノプローブ」を用いて「ナノワイヤ」を
異なる「フォトニック結晶」上に移動し、発振波長の変化を確認した。
（NTTニュースリリース）

■ 今後の展望

　今後は、このレーザーを同じチップ内の「フォトニック結晶導波路」に結合させることによって、光回路内で使えるようにします。

　また、現状では動作温度が低温に限られていますが、「ナノワイヤ」と「フォトニック結晶」の構造を最適化し、光閉じ込め特性をさらに向上することで、室温でのレーザー発振の実現を目指すとのことです。

　将来的にはレーザーだけでなく光受光器や光スイッチなどの「光デバイス」を、「ナノワイヤ」を用いて実現し、最終的にはさまざまな異なるデバイスが、同じチップの中に導波路を介して接続される「集積光回路」の実現を、10〜15年後の目標としています。

5-2　異方性 磁気ペルチェ効果

■ 電流を曲げて制御する「異方性磁気ペルチェ効果」を初観測

　2018年5月22日、物質・材料研究機構(以下、NIMS)と東北大学は共同で、磁性体中で「電流」を曲げるだけで加熱や冷却ができる熱電変換現象、「**異方性磁気ペルチェ効果**」を観測することに、世界ではじめて成功したと発表しました。

■「ペルチェ効果」について

　本題へ入る前に、まず「**ペルチェ効果**」について、少し説明しておきましょう。

＊

　「ペルチェ効果」は、金属や半導体がもつ「熱電効果」の一種です。
　金属や半導体は、「電流」と「熱流」を相互変換することができ、これを「熱電効果」と言います。

　「ペルチェ効果」は電流によって熱の移動を行なう「熱電効果」で、電流を流すことで片側の熱を奪い(吸熱)、もう片側へと熱を移動(発熱)できます。
　さらに、電流の方向を逆にすれば、「吸熱」と「発熱」の関係も逆転するという性質をもっています。

　また、「ペルチェ効果」とは逆の「熱電効果」として、温度差が生じると電流が発生する(発電する)「ゼーベック効果」という「熱電効果」もあります。

＊

　これら「熱電効果」は古くから知られている物理現象で、「ペルチェ効果」は1834年に発見されました。
　そして、コンピュータのさらなる省エネルギー化などを目指して、現在でも世界中で「熱電変換」の効率や汎用性を向上させるための研究が進められています。

＊

　「ペルチェ効果」とPCが関連する事例としては、一時期、「ペルチェ素子」をCPUの冷却に用いることがオーバークロッカーの間で流行ったことがありました。

　しかし、冷えすぎて結露が発生したり、反対側で発生した熱の処理が難しいなどの理由から、近頃はあまり耳にすることはなくなっています。

　つい最近では、「ペルチェ素子」を用いて高熱になったスマホを瞬間冷却するという面白いガジェットが発売され、ちょっとした話題にもなりました。

「ペルチェ素子」でスマホを冷却するスマートフォンクーラー「400-CLN027」
(サンワサプライ)

■「異方性磁気ペルチェ効果」とは

　先で述べたように、「ペルチェ効果」は金属や半導体に電流を流すと、それに沿って熱流が生じる「熱電効果」現象です。

　実際には、「電流」から「熱流」への変換効率(ペルチェ係数)が異なる2種類の物質を接合すると、流す電流の方向に依存して、2物質の接合界面において「発熱」「吸熱」が起こります。

　一方で、最新の電子技術である「スピントロニクス」分野においては、電子の「スピン」(磁気)の性質と、「電流」「熱流」の相互作用について、基礎と応用の両面から盛んに研究されています。

　磁性体においては、「スピン」によって、「電流」や「熱流」の流れ方が「磁化」の方向に影響されることが知られています。

　代表例としては、磁性体の電気抵抗が「磁化」と「電流」のなす角度に依存して変化する、「異方性 磁気抵抗効果」が挙げられます。

また、磁性体における「ゼーベック効果」についても、「磁化」の方向に依存することが確認されています。

*

これらの磁性体に関する現象と同様に、「磁化方向」と「電流の向き」に依存して、磁性体の「ペルチェ係数」が変化することを、「異方性 磁気ペルチェ効果」と言います。

ところが、「異方性磁気ペルチェ効果」を実験的に観測した例は、これまで一度もありませんでした。

■「異方性 磁気ペルチェ効果」の利点

「異方性 磁気ペルチェ効果」が生じる磁性体では、「磁化」が「電流」に対して平行な場合と、直交している場合とで、「ペルチェ係数」が異なります。

この性質を利用して、磁性体中に非一様な磁化分布を作ることによって、あたかも「ペルチェ係数」が異なる物質を接合したかのように、「発熱」「吸熱」を発生させることができます。

*

すなわち、通常の「ペルチェ効果」では異なる2種の物質を接合する必要があったのが、「異方性 磁気ペルチェ効果」を用いれば、「磁気的な仮想接合」によって、物質界面のない単一の材料において、「ペルチェ効果」による温度変化を起こすことができます。

これが「異方性磁気ペルチェ効果」の大きな利点と言えるでしょう。

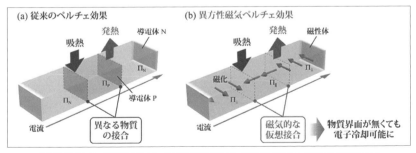

通常の「ペルチェ効果(左図)」と、「異方性磁気ペルチェ効果(右図)」による発熱・吸熱の違い
(NIMSプレスリリース)

■「異方性磁気ペルチェ効果」の観測に成功

　今回、同研究グループは、磁性体における「ペルチェ係数」が、「磁化の角度」に依存して変化する現象、「異方性 磁気ペルチェ効果」を観測することに世界ではじめて成功しました。

　「異方性磁気ペルチェ効果」を観測するために、本実験では一般的な強磁性金属の「ニッケル」(Ni) を用いています。

　ニッケルを「コの字型」に加工して、一様に磁化させることで、磁化方向が90度異なる状況を制御性良く作り出すことに成功しています。

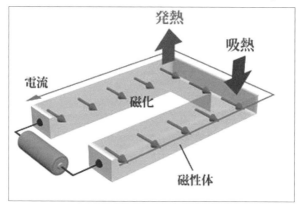

「コの字型」に加工し、磁化した「ニッケル」に電流を流す
(NIMS プレスリリース)

　「コの字型」の角部分は、電流と磁化が「平行な領域」と「直交している領域」の境界になっています。
　そのため、「異方性 磁気ペルチェ効果」が発現すれば、角付近に電流方向に依存した「発熱」「吸熱」が生じることになります。

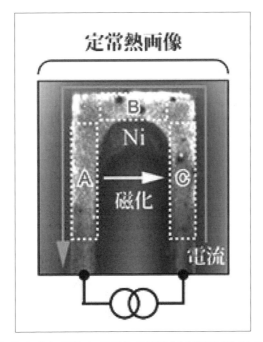

「A」「C」と「B」の領域では、「電流」に対する磁化方向が90度異なるため、
その境界である両角付近で「発熱」「吸熱」が生じるはずである。
(NIMS プレスリリース)

　本実験では「サーモグラフィ法」を用いて、「ニッケル試料」に電流を流した
際の「温度分布」を測定することで、「異方性 磁気ペルチェ効果」を観測してい
ます。

＊

　ただし、「異方性 磁気ペルチェ効果」の存在を実証するためには、この現象
に由来する温度変化と、従来の「熱電効果」や「ジュール熱」(電流を流したこと
による発熱)などによる「バックグラウンド信号」を分離しなければなりません。

　ところが、従来の「サーモグラフィ法」ではこれらの信号の重ね合わせを測
定してしまうため、「異方性 磁気ペルチェ効果」のみを抽出する工夫が必要と
なります。

＊

　そこで、本実験では「ロックイン・サーモグラフィ法」と呼ばれる熱計測技
術を利用しています。

　「ロックイン・サーモグラフィ法」は、試料に周期的に変化する電流を印加しながら、「赤外線カメラ」で表面の温度分布を測定。

　そして、「フーリエ解析」によって電流と同じ周波数で時間変化する温度変化だけを選択的に抽出して、可視化することを可能にしたものです。

　これによって高感度な「熱電効果」の測定を実現できるとともに、電流の周波数を上げることで熱拡散による影響を抑制し、「発熱源」「吸熱源」の位置を特定できるとしています。

　この手法を用いて「ニッケル試料」に電流を流した際の温度変化を詳細に測定し、その「磁場依存性」と「空間分布」を調べることで、さまざまな「熱応答現象」を分離して評価することができるようになりました。

＊

　実験の結果、「コの字型」の角付近のみに発生する温度変化の観測に成功しています。

　この温度変化信号は電流に比例して増大するため、「熱電効果」に由来するもの、ということになります。

　ここで重要なことは、①本実験で用いた試料は「ニッケル」のみからなるため、異なる物質の接合はない、②「ニッケル」が磁化していないときは温度変化が生じない——の2点にあります。

　これらの振る舞いは、従来の「ペルチェ効果」とはまったく異なる現象です。

　本実験では系統的な実験と数値計算を行ない、観測された温度変化信号が「異方性 磁気ペルチェ効果」に由来していることを実証したとしています。

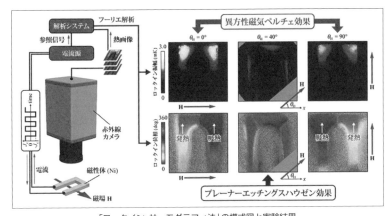

「ロックイン・サーモグラフィ法」の模式図と実験結果
「コの字型」の角での温度変化が捉えられている。
また、斜め方向に磁化させると「プレーナーエッチングスハウゼン効果」と呼ばれる現象が生じるが、
この効果を直接観測したのも今回が初めてとしている
（NIMSプレスリリース）

■ 今後の展開

「異方性磁気ペルチェ効果」を用いれば、従来の「ペルチェ効果」では実現できなかった、次のような機能が得られます。

・異なる物質の接合のない、「単一の磁性体」による電子冷却。
・磁性体の形状や磁化分布を変えることによる、「熱電変換特性」の再構成。
・**局所的に磁化させることによる「任意箇所の温度変調」。**

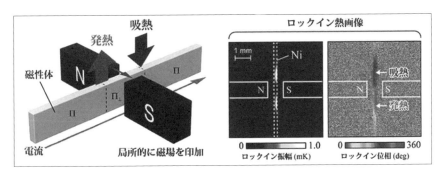

局所的に磁化させることで、磁性体の任意の場所で「発熱」「吸熱」を発生できる
（NIMSプレスリリース）

現在、「ニッケル」による「異方性磁気ペルチェ効果」は、従来の「ペルチェ効果」の「数％程度」の小さな変化に留まっています。

　しかし、大きな「ペルチェ係数」の異方性を示す磁性材料が見つかれば、上記の機能を生かすことで汎用性が高くコンパクトな「熱制御デバイス」の創出につながる可能性を秘めているとしています。

5-3 「光子集積化回路」を実現する「巨大ファラデー効果薄膜材料」

■45年ぶりの新材料発見

　公益財団法人 電磁材料研究所、東北大学、国立研究開発法人 日本原子力研究開発機構の研究グループは、まったく新しい発想による「**磁気光学材料**」の開発に、世界ではじめて成功したと発表しました(2018年3月29日)。

　開発した材料は、光通信によく用いられる波長「1,550nm」の光に対し、従来材料の40倍もの巨大な「**ファラデー効果**」を示す薄膜材料になります。

＊

　これまで「ファラデー効果」を示す材料としては、1972年に発見された「ビスマス鉄ガーネット」があります。

　しかし、その発見以後45年間、「ビスマス鉄ガーネット」を超える有望な材料が見つかっておらず、「ファラデー効果」を用いた光デバイスの設計及び性能が限定されていた状況でした。

　「ファラデー効果」をもつ新たな材料の発見は長年の悲願であり、今回、45年ぶりの大発見に至ったことになります。

■「ファラデー効果」とは？

　「ファラデー効果」とは、磁界に平行な方向に入射する光において、「磁性体を通過する光の偏光面が回転する現象」です。

　「ファラデー効果」を用いる代表的な光デバイスとしては、「**光アイソレータ**」が挙げられます。

　「光アイソレータ」は、一方向から入射する光のみを透過し、逆方向からの光はシャットアウトするもので、電子回路における「ダイオード」と同じ役割を担います。

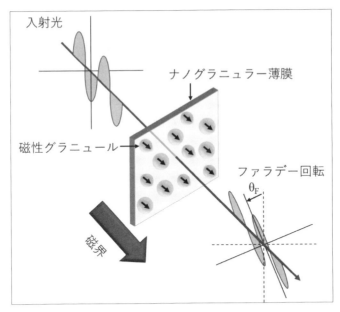

「ファラデー効果」のイメージ図
「ファラデー効果」を持つ材料を透過した光は、偏光面が少しねじれて出てくる。
(東北大学ニュースリリース)

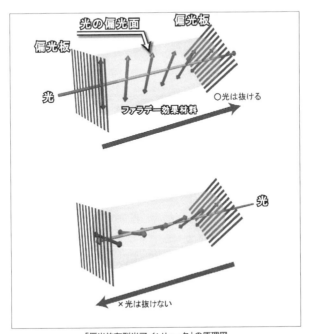

「偏光依存型光アイソレータ」の原理図
「ファラデー回転角」に合わせて偏光板を配置し、片方向の光は偏光面回転の後うまく偏光板をすり抜けるが、逆方向からの光は回転方向が合わないので偏光板を抜くことができない(=シャットアウト)。

*

実際の光学システムにおいて、光源から出た光には「光コネクタ」や「レンズ」などの光学部品から反射して光源に戻ってくるもの(戻り光)があります。

この「戻り光」は、光源の出力変動やノイズの原因となるばかりか、場合によっては不要に増幅されて、光源や光学系を損傷させてしまう事態を引き起こすこともあります。

そのため、「戻り光」をシャットアウトする「光アイソレータ」は、さまざまな光学システムにおいて、重要な「光デバイス」なのです。

■ 小型化に対応する材料が望まれていた

光デバイスの重要性が増し、その小型化、集積化が求められる昨今、重要デバイスである「光アイソレータ」の小型化も求められていました。

そのためには、材料の「薄膜化」が必須となり、当初は「ビスマス鉄ガーネット」の薄膜化が検討されてきました。

しかしながら、薄膜化した「ビスマス鉄ガーネット」の特性は、元のバルク状態より大きく劣ってしまうため、これまで「ビスマス鉄ガーネット」を用いた光デバイスの設計、および性能は、限定されていたのです。

この状況を打破するため、薄膜でも充分な「ファラデー効果」を有する、新しい材料が望まれていました。

■ ナノメートル構造の「薄膜材料」を発見

同研究グループは、ナノメートルの微細複合構造をもつ「**ナノグラニュラー材料**」の研究開発を進め、「ビスマス鉄ガーネット」と比較して、巨大なファラデー回転角を有する「薄膜材料」の開発に成功しています。

「ナノグラニュラー材料」とは、ナノメートルサイズの微細な「金属」の粒子(グラニュール)が、「絶縁体セラミックス」中に均一に分散した、特徴的な構造を有するものです。

物性が異なる2つの相が、ナノ状態で混在するため、「金属」と「絶縁体」の含有比率の違いによって、物性が大きく変化するのが特徴です。

「金属」が多い組成では金属特有の物性が、「絶縁体」が多い組成では誘電特性や光透過特性が期待されます。

さらに、中間領域では、両相の機能が複合した多機能性にも期待できます。

「薄膜材料」であって、その機能性は「ナノ構造」に由来するために、非常に小さい材料で必要な機能性を発揮します。

さらに工業的に用いられる「スパッタ法」で容易に作ることができ、再現性や耐熱性にも優れているので、実用性の高い材料であるとされています。

> ※スパッタ法
> 「アルゴンガス」を低圧で満たしたチャンバー内に、「基板」(成膜基材)と「ターゲット」(原料)を対面して配置します。
> そして、それらの間に高電圧をかけ、プラズマ化した「アルゴンガス」でターゲット表面をたたき、原子を弾き飛ばして基板に堆積させて、膜を作製する方法です。
> 汎用的膜作成方法として、多くの科学技術分野および産業分野で利用されています。

*

今回の研究では、粒径が数ナノメートルの「鉄・コバルト合金微粒子(グラニュール)」が、「フッ化アルミニウム」や「フッ化イットリウム」などの「フッ化物セラミックス」から成る媒質(マトリックス)中に分散した構造を作っており、「グラニュール」と「マトリックス」の界面において、鉄やコバルト原子の磁気モーメントが増大して、大きな「ファラデー効果」が得られると考えられています。

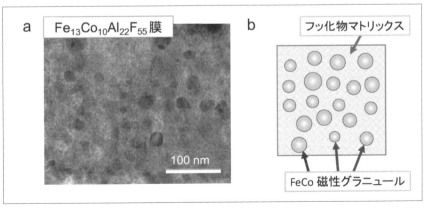

「ナノグラニュラー膜」の透過電子顕微鏡写真(左)と、イメージ図(右)
フッ化物から成るマトリックスに、ナノメートルサイズの
微細な磁性グラニュールが分散した構造をもつ
(東北大学ニュースリリース)

材料	ファラデー回転角θ_f(deg./μm)	
	波長 λ=650nm	波長 λ=1550nm
$Fe_{26}Al_{28}F_{46}$	2.9	-0.53
$Fe_{13}Co_{10}Al_{22}F_{55}$	1.6	-1.3
$Fe_{25}Y_{23}F_{52}$	2.7	-0.71
$Fe_{21}Co_{14}Y_{24}F_{41}$	8.0	-4.0
Bi-YIG	-0.6	-0.11

さまざまな「ナノグラニュラー膜」の材料と、
従来の「ビスマス鉄ガーネット」(Bi-YIG)との「ファラデー回転角」の比較
波長「1,550nm」では最大で40倍もの大きな値を示している。
(東北大学ニュースリリース)

■ 成果の先にあるもの

　この研究によって、世界的に求められつつも45年間実現しなかった、新しい「ファラデー効果」を示す材料の開発が実現しました。

　さらに、その効果の大きさは従来の「約40倍」にも及び、加えて「薄膜材料」であることから、光デバイスの設計の自由度が大幅に拡大すると考えられます。

＊

　本研究成果を発展させることによって、光デバイスの小型化、集積化が可能となります。

　すなわち、「電子」ではなく、「光」を用いたダイオード機能やトランジスタ機能をもつ素子が、実現することになります。

　集積化によって、「光」を用いた「LSI」や「CPU」といった半導体の開発が実現すれば、電子デバイスに代わる「光子デバイス」が実現するでしょう。

　つまり、いわゆる「光コンピュータ」実現の基幹技術のひとつが、本研究成果と言えます。

＊

　「光」で駆動するデバイスは、「ノイズ」「消費電力」「処理速度」など、従来の電子デバイスが抱える原理的な限界を突破できるとされています。

　そして、この新技術が、コンピューティングを次の段階へ引き上げると期待されています。

次世代の「透明デバイス」

■ 新しい可能性を拓く「透明デバイス」

"透明なモノ"と聞くと、「ガラス」「アクリル」「プラスチック」といったものが思い浮かびます。

いずれも、電気を通さない「不導体」に属するものなので、"透明なモノ"と"電子デバイス"は遠い存在と考える人が多いのではないでしょうか。

ところが、「電子デバイスの透明化」は、昔から研究が盛んな分野なのです。

最も身近な「透明デバイス」には、スマホの画面に用いられている「タッチ・パネル」が挙げられます。

「タッチ・パネル」には、「透明電極」がパターン配置されていて、どの電極をタッチしたかで座標を取得しています。

*

今回は、今後到来する「IoT社会」では、もっといろいろな「透明デバイス」が身近になることでしょう。

「IoT社会」ではあらゆる場所に「IoTデバイス」が設置されると考えられています。

しかし、増えすぎた「IoTデバイス」の存在は、煩わしさや窮屈さにつながるのでは、との懸念もあります。

*

「透明デバイス」であれば「IoTデバイス」の存在感を消せるため、これからの時代にこそ「透明デバイス」が不可欠、とも言われています。

また、人類共通の課題とも言える「エネルギー問題」——それを支える柱の一つである「太陽光電池パネル」。

これが透明化できれば、今まで以上にさまざまな場所にパネルを設置できるようになります。

*

　このように「透明デバイス」は、これまで以上に「電子デバイス」の活躍の場を広げる可能性をもっています。

　今回は、このような次世代を担う「透明デバイス」をいくつか紹介していきたいと思います。

■ 透明な電池

　最初は、NTTが発表した「光透過性」を有する「透ける電池」です(2018年11月)。

　これまで、「電池」の研究といえば「高出力」「大容量」「長寿命」といった部分に重点がおかれていました。

　そのため「電池」の「電極」は、金属の集電層上に「活物質」「導電材」「結着剤」が混合された「合材層」となっていて、全体的に「黒色」で光を透過しない構造が一般的でした。

　NTTは、「光透過性」の観点から「電池」を構成する材料と構造に着目。
「入射光の吸収」と「反射を抑制する技術」を開発し、「存在感なく周囲に馴染むデバイス」を目指して開発を進めた、とのことです。

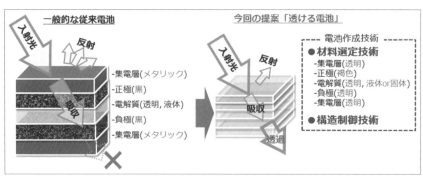

従来の「電池」と「透明電池」の構造の違い
(NTTニュースリリース)

　作った電池は「9×5cm」の長方形。
　「約25%」の透過率をもち、平均電圧「1.7V」、放電容量「0.03mAh」の性能を示しました。

透明かつ折り曲げられる電池と「LED」を点灯させる様子
(NTTニュースリリース)

■「伸縮性」「自己修復性」をもった「透明電子スキン」

シンガポール国立大学の研究チームが、透明で伸縮性があり「タッチ・センシティブ」「耐水性」をもち、水中で自己修復もできる「透明電子スキン」を開発したと発表しました(2019年3月)。

「透明電子スキン」を掲げる研究チーム写真
(シンガポール国立大学リサーチニュース)

研究チームのリーダーであるベンジャミン・ティー(Benjamin Tee)氏は、2012年に「自己修復電子スキンセンサ」を開発したメンバーの1人。

現行の「自己修復素材」が抱える問題点として「透明ではない、水に濡れると上手く機能しない」といった部分を挙げ、それを克服すべく、この「透明電子スキン」が開発されました。

　「透明電子スキン」には、「フルオロ・カーボン」をベースとしたポリマーと、「フッ素」に富むイオン溶液を組み合わせた新たなゲル素材が用いられており、"「透明」で「耐水性」、「タッチ・センシティブ」"という特性をもちます。

　「最大20倍」までの伸縮性をもち、仮に切断されても、断片を互いに接触させて水に漬けておけば、1分ほどで導電性を回復。
　さらに、数時間〜数日経てば、完全に元通りに修復する、とのことです。

＊

　一般的にこのような「導電性ポリマー」は、水に濡れると膨張し、乾燥すると収縮します。
　しかし、新開発のゲル素材は、湿度によって変化せず、「海水」や「酸性」「アルカリ性」の環境でも機能する、としています。

　この「透明電子スキン」は、「防水タッチ・パネル」から「水中用ソフトロボット」まで、幅広い用途に活用できます。

■ 透明な木材

　2016年にスウェーデン王立工科大学の研究チームが、「太陽光電池パネル」や建物の窓などに「透明木板」を開発しています。

透明な木板を開発
（スウェーデン王立工科大学リサーチニュース）

「透明木板」は、木材から「リグニン」という成分を化学的に除去し、代わりに透明なポリマーを含浸させることで作られます。

　低コストかつ入手が容易で再生可能な木材は、「太陽光電池パネル」の材料に適した素材と言えるでしょう。

＊

　そして2019年4月、同研究チームは「透明木板」に「蓄熱機能」をもたせることに成功。

　「透明木板」に「ポリエチレン・グリコール」(PEG)と呼ばれるポリマーを加えることで「蓄熱機能」を実現しています。
　「PEG」は「相変化材料」と呼ばれるもので、「26℃」で融解し、その際にエネルギーを蓄える性質をもっています。
　「融解温度」は、「PEG」の種類によって調整可能とのことです。

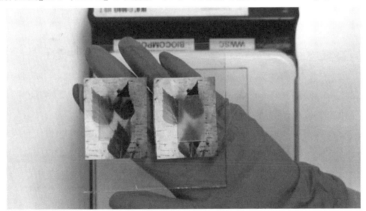

「蓄熱機能」をもった「透明木板」
(スウェーデン王立工科大学リサーチニュース)

　この蓄熱可能な「透明木板」を窓ガラスに利用すれば、昼間は太陽光の熱を吸収して部屋の温度上昇を抑え、夜は熱を放出して部屋を暖める、といったことができます。
　よりエコな建物の実現に役立ちます。

■「赤外線」を「電気」に変換する無色透明材料

　京都大学、豊田工業大学、徳島大学、産総研らの共同研究グループが、「赤外線」を「電気信号」に変換できる無色透明の材料開発に成功した、と発表しました（2019年2月）。

　これまでにも、「光を電気に変換できる無色透明な材料」はいくつか開発されていました。
　しかし、それらは、主に「紫外線」を「電気信号」に変換するものでした。

　「紫外線」は「通信」や「エネルギー変換」にはあまり適さない波長なので、より効率的に扱える長波長側の「可視外光線」――すなわち、「赤外線」を利用する「無色透明材料」の登場が待たれていました。

＊

　研究グループは今回、赤外域に「局在表面プラズモン共鳴」（LSPR：Localized Surface Plasmon Resonance）を示す「無機ナノ粒子」を用いて、「赤外光」を「電気エネルギー」や「信号」に変換できる「無色透明」な材料を開発。

　「赤外域」に「LSPR」を示す「スズドープ酸化インジウムナノ粒子」を「光吸収材」に応用。
　「透明性」（可視域の透過率95％以上）と高い「赤外光 誘起電子 移動効率」（電荷の注入効率33％）を両立することに成功した、とのことです。

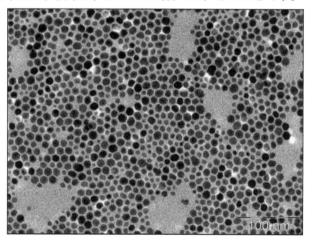

合成した「スズドープ酸化インジウムナノ粒子」の電子顕微鏡写真
（京都大学ニュースリリースより）

　本材料は、「太陽光電池パネル」「通信機器」「光学センサ」といった分野への応用が考えられ、"目に見えない"最先端デバイスの開発が期待されます。

■「透明NFCアンテナ」搭載ディスプレイ

　シャープが、透明な「NFCアンテナ」を備えるディスプレイを発表しています(2018年4月)。

　これは、ディスプレイ画面上に透明な「NFCアンテナ」の層を被せたもの。
画面に直接「ICカード」や「スマホ」をかざして通信をできるようにするものです。

　画面上の写真やイラストで、「ICカード」や「スマホ」をかざす「位置」や「タイミング」を指示でき、通信結果もそのまま表示できることから、より直感的なインターフェイスが可能となります。

　「POSターミナル」や「自動販売機」などにおける決済用途はもちろん、「教育・医療機関」や「ゲーム」などのアミューズメント向けなど、さまざまなアプリケーションへの応用が考えられています。

「透明NFCアンテナ」搭載ディスプレイの使用イメージ
(シャープニュースリリース)

5-5　静電気を貯める液体

■「電子デバイス」になる「液体」

　2019年9月30日、「国立研究開発法人物質・材料研究機構」（NIMS）と、「産業技術総合研究所」（産総研）の研究グループは、「静電気」を半永久的に貯めることができる、液体状の「エレクトレット材料」を開発した、と発表しました。

　新開発した「エレクトレット材料」と、「柔らかい電極」とを組み合わせることで、伸縮や折り曲げのできる、「振動発電素子」（圧電素子）を、世界で初めて実証しています。

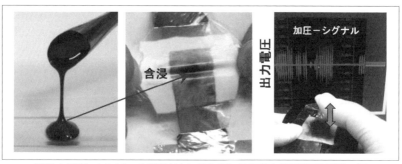

開発した「液体エレクトレット材料」（左）と、伸縮・折り曲げ可能な「振動発電素子」（中、右）
（NIMSニュースリリース）

■ エレクトレット材料

　「エレクトレット材料」とは、「電界のない状態においても、素材の表面近傍に電荷を半永久的に保持できる荷電体材料」のこと。
　「磁石」（マグネット）にならって、「エレクトレット」と名付けられています。

　電荷を半永久的に保持できる「エレクトレット材料」は、「電極」との距離の変化で「電圧」を発生させることができます。

　そのため、「振動」や「圧力刺激」を電気信号に変換する、「振動発電素子」や「センサ」としての応用が考えられる材料です。

　しかし、これまでの「エレクトレット材料」というのは、固体やフィルム状

の素材が主で、複雑な形状への変形はできず、柔軟性も乏しいという弱点がありました。

その弱点を克服した、自由に変形できる「液体状」のエレクレット材料が、今回発表された研究成果になります。

■「医療」「ヘルスケア」への応用

さて、このような変形自在の電子デバイスの応用先として期待されているのが、「医療」や「ヘルスケア」の分野です。

＊

「医療」「ヘルスケア」分野では、日常的な活動中でも、常に身体情報を記録し続けることが求められています。

昨今では、スマートウォッチなどの「ウェアラブル・デバイス」で、「脈拍」「血圧」などの簡単な健康チェックを行なう、といったことも流行っています。

将来的には「軽量」で「形状任意性が高く」「伸縮や柔軟性に優れた」素材で、身体に直接接着しても違和感の少ない、「電池レス」で駆動する「ウェアラブル・デバイス」が求められています。

そのようなデバイスが実現すれば、装着していることを感じさせずに常に健康状態をチェックできる医療システムが完成するでしょう。

今回発表された「エレクトレット材料」も、そのようなシステムへの重要な根幹技術の1つと言えます。

■ 常温液体材料開発からのスタート

もともと、「NIMS」の中西氏らの率いる研究チームでは、「π共役色素ユニット」を嵩高く柔軟性に富む「分岐アルキル鎖」で被覆や保護することで、色素ユニットが「孤立か安定化」した、常温液体材料の開発に取り組んでいました。

この研究で培った「アルキル化色素液体」の分子構造と液体物性、光電子物

性の相関に関する知見は、「有機エレクトロニクス分野」への応用発展に向けて貴重なヒントが得られたとしています。

かさばった色素ユニットに注入される電荷は、安定に保持される可能性が高く、「ウェアラブル・デバイス」用のエレクトレット材料として最適という考えに至った、とのことです。

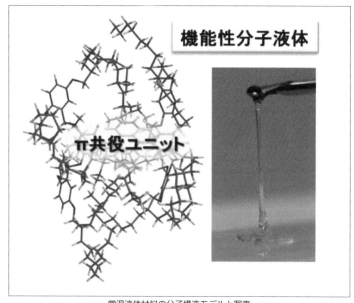

常温液体材料の分子構造モデルと写真
(NIMSニュースリリース)

■ センサおよびアクチュエータを実証

今回の研究において「NIMS」の中西氏らの率いる研究チームは、「電荷」を保持させる色素ユニットに「ポルフィリン」を採用し、独自に分子設計した「液体ポルフィリン」を合成しています。

「ポルフィリン」とは4つの「ピロール」が縮合した環状構造の「π共役系化合物」。
血液中の「ヘモグロビン」の「ヘム」や、光合成で光吸収や光電子移動の役割を担う「クロロフィル」などに含まれる化合物です。

金属イオンと錯化した「ポルフィリン金属錯体」を基材とする材料は、「光電

子機能性材料」や「金属錯体触媒」「分子性導電材料」として多方面で研究開発
されている化合物です。

「液体ポルフィリン」の分子構造の特徴は、「ポルフィリン骨格」の外側に
「フェニル置換基」を介して合計8本の「分岐アルキル鎖」を化学結合していま
す。

この「ポルフィリン液体」に、高電圧で「コロナ帯電処理」をしたものを材料
として用いています。

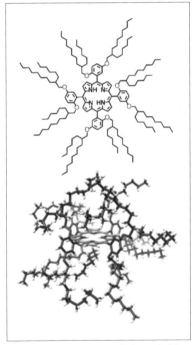

「液体ポルフィリン」の分子構造とモデル図
(NIMSニュースリリース)

＊

一方、産総研の吉田氏らの率いる研究チームは、この「液体ポルフィリン」
を用いて、「ストレッチャブル液体エレクトレット素子」の作製とその性能評
価を行なっています。性能評価の内容は次の通り。

＊

[1] まず、導電性の「ITOガラス基板」の上に帯電させた「液体ポルフィリン」を配置します。

[2] さらにスペーサーを介し「ITO基板」を対面配置して封止することで、一般的な「エレクトレット素子」と同様な構造に組み上げ、「液体エレクトレット」としての有効性が検討されました。

[3] 「ITO基板」を指で加圧すると電圧出力が得られたことから、「圧力・振動センサ」への適応性が確認されています。

　また、「交流電圧」（±100V、1KHz）の印加による「200Hz」の「変調発振」（音の発生）が確認できたことから、「音波アクチュエータ」としての適応性も確認できています。

　「振動→電圧」、「電圧→振動」の関係は、音のマイクロフォンとスピーカーの動作原理と同じです。

　「液体エレクトレット素子」が固体の電子デバイスと同じ働きをするということの、世界で初めての実証例になりました。

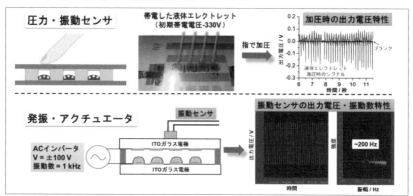

「センサ」と「アクチュエータ」としての働きを確認
（NIMSニュースリリース）

■ 柔軟性に富んだデバイスの実証

産総研の研究チームは次いで、液体の「流動性」や「自由変形特性」を活かした、エレクトレット素子を開発しました。

「コロナ帯電」させた「液体ポルフィリン」を直接、伸縮性布地に含浸。
「ポリウレタンフィルム」上に銀メッキ繊維をパターニングした伸縮性電極で挟み込んで封止して、「ストレッチャブル液体エレクトレット素子」を開発しています。

この素子表面を指で加圧することで「±100～200mV」の電圧出力が得られ、少なくとも1ヶ月半以上の間、安定に駆動したとのことです。

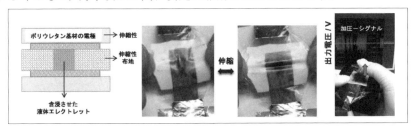

「ストレッチャブル液体エレクトレット素子」の構成、および振動（加圧）発電の様子
（NIMSニュースリリース）

■ 今後の展開

この「液体エレクトレット素子」は、伸縮、折り曲げやさまざまな形状変形に適応できます。
そのため、電池レスで駆動する「脈波・心拍センサ」「筋電・モーションセンサ」などの医療応用への展開が期待できます。

また、電圧印加で変形する機能を活用することで、「触覚（ハプティクス）素子」への応用も期待できるとしています。

＊

同様の目的をもつ「フレキシブル・デバイス」は他にいくつも研究開発が進められていますが、未来の医療を支える技術が着実に発展していると感じます。

5-6　切り取り可能な「ワイヤレス充電シート」

■ 切り取って使える「ワイヤレス充電シート」

2019年1月7日、東京大学と「科学技術振興機構」(JST)の共同研究チームは、好きな形に切り取っても機能を維持できる、「**ワイヤレス充電シート**」の開発に成功したと発表しました。

1枚のシートからデザインに合わせて自由に形を切り出せるので、「家具」や「衣服」「カバン」など、さまざまなものに「ワイヤレス充電機能」をもたせることが可能になると考えられます。

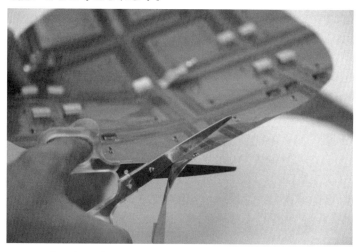

ハサミで切って自由な形にして使うことのできる「ワイヤレス充電シート」
（JSTプレスリリース）

■ 現行の「ワイヤレス充電」への不満点

現在、「ワイヤレス充電機能」を搭載するスマホが増えてきています。

特にアップルの「iPhone 8」に「ワイヤレス充電機能」が搭載されて以降、一般ユーザーの間でも、急速に認知度が上がってきたように思います。

*

ケーブルを挿さずに置くだけで充電できる「ワイヤレス充電」はとても便利です。

ただ、現在のワイヤレス充電機能に、不満がないわけではありません。

たとえば、現行スマホのワイヤレス充電機能として大多数が採用している「Qi（チー）」。
「充電器」と「スマホ」の"位置合わせ"が、原理上シビアであることが知られています。

位置合わせのシビアさを緩和するため、充電器側に複数の「コイル」を内蔵したり、以前は「スマホの位置にコイルが自動で移動する」といった製品もありました。

いずれにせよ、充電可能範囲は「ドリンクコースター」や「マウスパッド」程度の面積でした。
「ワイヤレス」とは言え、使い勝手的には旧来の「携帯電話 充電スタンド」に近いものがあります。

やはり、「ワイヤレス充電」と言うからには、「机の上のどこにスマホを置いていてもちゃんと充電」されたり、「カバンや服のポケットに放り込んでおけば、勝手に充電される」といった、「アバウトな使い勝手」が理想です。

今回紹介する新技術は、このような「アバウトな使い勝手」を実現するものです。

■「ワイヤレス充電」の原理

本題に入る前に、「ワイヤレス充電」の原理について、少し触れておきましょう。

「ワイヤレス充電」にはいくつかの方式がありますが、代表的な方式は次の2つになります。

①電磁誘導方式
「1次コイル」「2次コイル」という2つのコイルを隣接して設置し、「1次コイル」側に交流を流すと、1次と2次の2つのコイルを貫く「磁束」が変化します。
この「磁束変化」によって、「2次コイル」側で「誘導起電力」が生じます。

　結果として「1次コイル」側から隣接した「2次コイル」側へ、「電力」を「ワイヤレス」で供給したことになります。

　これが、「電磁誘導方式」です。

　前述した「Qi(チー)」は、この「電磁誘導方式」を採用しており、他に身近なところでは、電動歯ブラシや電気シェーバーの「充電器」、「Suica」などの「ICカード」にも用いられています。

＊

　「電磁誘導方式」の弱点としては、「磁束」の届く範囲にしか電力供給できず、距離が離れると極端に効率が悪くなる、という部分が挙げられます。

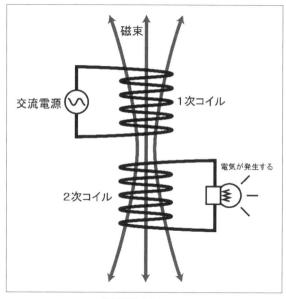

「電磁誘導方式」の原理

②磁界 共振 結合方式

　「1次コイル」と「2次コイル」に、同一の「共振周波数」をもつ「共振コイル」を用い、「磁界結合」の共振条件を絞ったものが、「磁界 共振 結合方式」です。

　「共振 周波数」にピンポイントに絞ったエネルギー送出を行なうことで、同じ「共振周波数」の物体同士で、効率的にエネルギー交換が可能になります。

＊

　「共振方式」の特徴としては、電力伝送距離が長く、間に障害物が挟まって

いても問題ない点が挙げられます。

特に「磁気的な共振」を用いる場合には、磁気的な相互作用をもつ物体が身の回りにはあまりないため、より安全に運用できるという所も利点でしょう。

今回の新技術では、「磁界 共振 結合方式」が用いられています。

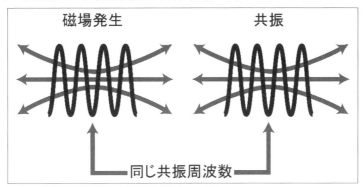

「磁界 共振 結合方式」の原理

■ 従来の「ワイヤレス充電シート」との違い

これまでにも、家具や部屋の内装に「コイル」を埋め込み、どこでも「ワイヤレス充電」できるようにする「ワイヤレス充電シート」のアイデアは、いくつも提案されてきました。

しかし、従来の「ワイヤレス充電シート」はいずれも製品形状に合わせた設計や実装が必要とされていました。
そのため、「デザインに合わせてシートを一部を切断する」といった融通は効きませんでした。

また、「磁界 共振 結合方式」は隣り合うコイル間の磁気的な干渉による給電効率の低下の影響が大きいです。
そのため、より一層、設計製作に多大なコストを必要としていたのです。

その点、今回の新技術は既存の家具や衣類などの形状に合わせて切断し、貼り付けることができます。

形状に合わせて「コイル」を必要な数だけ並べる方式とは異なり、あらかじめ「定型」で用意した「コイル・アレイ」から、不要な「コイル」を切断し、減らす点に新規性があるとしています。

■ 配線を工夫して切断を可能に

通常、「シート」を切り取って既存の家具や衣類に貼り付ける場合、「シート」の切断は外側から行ないます。

しかし、これまでの「ワイヤレス充電シート」は、「コイル・アレイ」を「マトリックス状」に配線したものが一般的でした。

そのため、「シート」を切断すると縦横に接続された「コイル」の一部が機能しなくなる問題があったのです。

＊

そこで、今回の「ワイヤレス充電シート」では、重要な「電源コネクタ」をシート中央に配置するようにしています。

「H木型配線」を利用して、中央から外側に向かって配線することで、外側の「コイル」が切断されても、残った内側の「コイル」は問題なく動作するように工夫されているのです。

また、「H木型配線」は、「電源」から「各コイル」までの配線の長さを等しくします。

そのため、「高周波 回路」特有の、電源から見た各コイルの「インピーダンス」のバラツキを抑える効果も期待できる、としています。

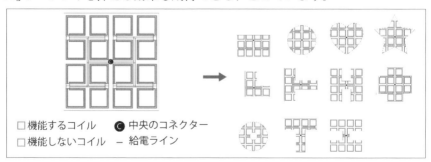

□ 機能するコイル　　**C** 中央のコネクター
□ 機能しないコイル　− 給電ライン

中央から「H木型配線」を行ない、さまざまなパターンの切断に対応。
しかし、最下段のように「中央コネクタ配線」を、
根元から切断するようなパターンには対応できない。
（JSTプレスリリース）

■「時分割 給電」でコイル同士の干渉を軽減

　「ワイヤレス充電シート」は、コイルをなるべく密に配置することで、シート上のどこに受電器を置いても給電が可能なようにしています。

　しかし、先にも少し触れましたが、「磁界共振 結合方式」は、隣り合うコイル同士による干渉の影響が大きく、「コイル」が密接になればなるほど、給電効率に悪影響を及ぼします。

＊

　そこで、今回の新技術では同時に「オン」となるコイル同士が距離を保つ、「時分割給電」が用いられています。

　「コイル・アレイ」を、互いに隣り合わないコイル同士でグループ分けをします。
　そして、グループごとに給電を繰り返すことで、隣り合うコイル間の磁気的な干渉を回避することに成功しました。

　これにより、シート上のどこでも、効率的に「ワイヤレス充電」ができるようになっています。

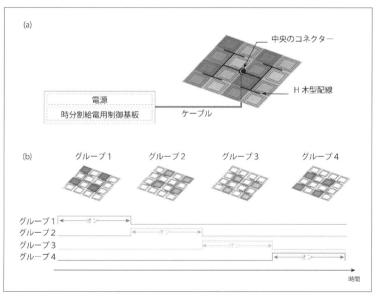

「コイル」をグループ分けし、時間をずらして給電することで、コイル同士の磁気的な干渉を抑える。
（JSTプレスリリース）

■ さまざまな応用例

　この「ワイヤレス充電シート」を、さまざまなものに貼り付ければ、即座に「ワイヤレス充電器」へと変貌します。

　発表では、実際に「シート」を切断し、「家具」や「カバン」「衣服」などへ貼り付けた応用例が示されました。

　この技術を実際に体験するためには、規格標準化を経て、対応製品の登場を待つ必要があります。

　しかし、このように自由なワイヤレス充電を10年後には活用していることに期待したいです。

台座の裏側に「ワイヤレス充電シート」
「テーブルライト」への給電というアイデアも。
（JSTプレスリリース）

「カバン」や「衣服」に「ワイヤレス充電シート」
ポケットにスマホを入れてると充電してくれる。
（JSTプレスリリース）

収納ボックスに「ワイヤレス充電シート」
スマホを箱に放り込むだけで充電してくれる
（JSTプレスリリース）

第6章

その他の未来技術

最後は、ホログラムなどの映像・センサ技術や、加工、
バッテリの新技術について紹介します。

6-1 "バッテリ・レス"で「無線HDストリーミング」が可能な「Backscatterカメラ」を作る

■「無線HDカメラ」を「バッテリ・レス稼動」

「バッテリ・レス」で「HD画質」の「無線ビデオストリーミング」が可能なカメラ・システムを、米ワシントン大学のジョシュア・スミス教授率いる研究チームが発表しました。

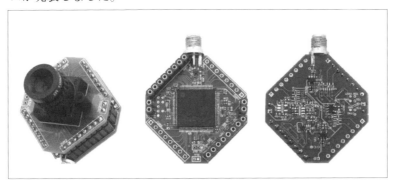

今回製作された試作機
（研究論分）

現在、身に付けるカメラとして小型の「アクション・カム」が数多く登場し、さまざまな用途で活用されています。

しかし、いくら小型といっても限度があり、取り付けにもある程度の制約

が生じているのが現状です（「取り付け場所の制約」や、「専用の装具を必要とする」等）。

　これをさらに小型化し、たとえば撮影を行う「カメラ・デバイス」と、「データ記録」を行う「ハブ・デバイス」に分離させれば、「カメラ・デバイス」部だけでも「眼鏡」などと違和感なく一体化でき、もっと広い応用が考えられるでしょう。

　それを実現するには、「無線による映像伝送」と、「有線やバッテリに頼らない電源確保」を両立する技術が必要です。
　今回紹介する技術は、このような独立した「カメラ・システム」を実現するための、第一歩となるものです。

■ 電源不要の「Backscatter技術」

　デバイス自体に電源をもたせない場合、どうにかして外部から電力供給する必要があります。
　特にキーポイントとなるのが「**ワイヤレス給電**」の技術となるでしょう。
　「ワイヤレス給電」自体は、スマホ充電や「NFC（近接無線通信技術）」において実用化され身近なものになっています。
　しかし、「数十cm〜数m離れても給電できるようなシステム」はまだ実用化しておらず、特に「IoT時代」における重要な技術として研究が進められています。
＊
　そんな中で、「ワイヤレス給電」の方法のひとつとして挙げられるのが、「Backscatter技術」です。

　「Backscatter」を直訳すると「後方散乱」という意味になります。
　これは、空間中に既存する電波を稼動電源として利用し、さらにその電波を故意に反射（後方散乱）させることで、通信にも利用しようという技術です。
　周囲の電波を利用することから「Ambient　Backscatter」と呼ぶこともあります。
＊
　同ワシントン大学の研究チームは近年このテーマを扱っており、2013年には「テレビ」や「携帯電話」の電波など空中に存在する「環境高周波信号」のエネ

ルギーを用いて、低ビットレート (1kbps) ながら「電源不要」で「数十cm」の通信が可能なデバイス」を発表しました。

電源をもたずに信号の送受信を行なうデバイス
(ワシントン大学ニュースリリース)

2014年には「Wi-Fi」の電波を利用する「Wi-Fi Backscatter」を発表し、2016年にはこれをさらに進化させた、「IEEE802.11b」相当 (11Mbps、距離20m) の通信を「Backscatter」で行なう「Passive Wi-Fi」を発表しています。

■ 超省電力のカメラ・デバイス

さて、「Backscatter」で「電源供給」と「通信」ができることはわかりました。

しかし、「通信用の高周波信号」から得られる電力量は極々わずかなものです。

「無線通信機能」を備えた「HDカメラ・デバイス」を稼動するだけの電力には到底足りません。

したがって研究チームは、まず「カメラ・デバイスの省電力化」に取り組むことにしました。

*

「無線通信機能」を備えた「カメラ・デバイス」の中身を要素ごとに分解すると、概ね次の3つに分けることができます。

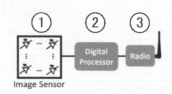

無線カメラは概ね3つの要素からできている
(紹介ビデオ)

①イメージ・センサ

光を電気信号に変換するセンサ。

②デジタル・プロセッサ

「イメージ・センサ」からの信号(アナログ)をデジタル信号に変換(ADコンバート)したり、圧縮を施す。

③無線コンポーネント

「デジタル・プロセッサ」から得られたデータを無線通信の符号にと変換し、無線によるデータ送受信を行なう。

この中で「消費電力」が大きいのは、②と③の要素です。①「イメージ・センサ」の「消費電力」は「約100μW」程なのに対し、残りの2つ②③で「約1W」の電力を消費します。

「電力」のほぼすべてが②と③で消費されていると言ってもよいくらいでしょう。

そこで研究チームは、「超省電力」へのアプローチとして、「カメラ・デバイス」から「デジタル・プロセッサ」と「無線コンポーネント」を追い出し、これらの機能を「ハブ・デバイス」側に持たせることにしました。

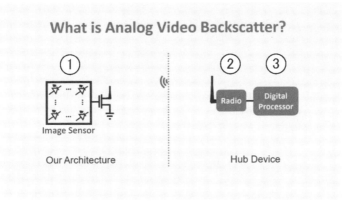

「デジタル・プロセッサ」と「無線コンポーネント」を「カメラ側」から「ハブ側」へ
(紹介ビデオより)

　「カメラ・デバイス」側は「イメージ・センサ」と「アンテナ」を備えるのみとなり、「消費電力」は「μW」オーダーに抑えられます。

　研究チームによると、従来の無線カメラデバイスと比較して「1,000～10,000倍」の「省電力化」が達成できるとしています。

　これは「Backscatter」による電力供給で稼動可能な領域です。

　「ハブ・デバイス」側から「パルス信号」を無線送信し、それを受けた「カメラ・デバイス」側は「パルス信号の微小電力」で「イメージ・センサ」を稼動、得られた「データ」を「パルス」としてアンテナから直接発信するイメージとなります。

　　　　　　　　　　　　　　＊

　なお、このシステムでは無線伝送に「ADコンバータ」を介さないため、映像データの伝送は「アナログ信号」(PWM)を用いることとなります。

　「アナログ信号」である以上、「映像の劣化」が気になるところですが、実験によると「720p/10fps」のHDムービーを用いて、「約14フィート」離れてもほぼ劣化を感じさせない映像伝送に成功しています。

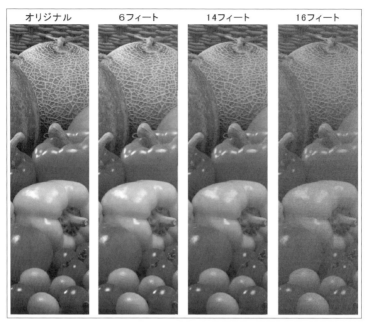

| オリジナル | 6フィート | 14フィート | 16フィート |

伝送距離による映像の劣化具合の比較
16フィートになると、さすがに劣化が目立ってくる
（研究論文）

■ 新世代の「ウェアラブル・カメラ」や「ホーム・セキュリティ」に

　この技術が活用される主なアプリケーションとしては、「ウェアラブル・カメラ」や「ホーム・セキュリティ」が想定されます。

*

　まったく邪魔にならない「ウェアラブル・カメラ」は、例えばスポーツ選手のプレイに支障を及ぼさすに、各プレイヤーの一人称視点を得ることができます。
　未来のスポーツ中継が大きく変わるかもしれません。

*

　また、「バッテリー・レス」で自由な場所に置ける手軽さは、「ホーム・セキュリティ」にも適しています。
　電源確保の手間を考えることなく、部屋の自由な場所にカメラを設置できるようになるのは、とても便利だと言えるでしょう。

新世代の「ウェアラブル・カメラ」や「ホーム・セキュリティ」に
(紹介ビデオ)

■ 超省電力のカメラデバイス

今回の研究成果は、「Backscatter」の電力でも充分稼動できる「超省電力」カメラデバイスの実証にあり、実はまだ超小型バッテリーを用いて動かしている状態です。

次のステップとして、「Backscatter」を実際に使った稼動を目指すとしており、新しい報告が楽しみなところです。

6-2　同時通訳する「等身大ホログラム」

■ Microsoftによる「MR」「AI」技術の集大成

　Microsoftは2019年7月17日に開催したパートナー向けイベント、「Microsoft Inspire」にて基調講演を行ないました。

　そこで、人間の「等身大ホログラム」を投影し、リアルタイムに同時通訳した言葉を喋らせるデモを公開しています。

　Microsoftは、以前より「複合現実」(MR)に注力しており、今回のイベントは、職場環境における「MR」技術を用いた「コミュニケーション・ツール」の可能性をアピールするデモとなります。

＊

　デモでは、「Microsoft Azure」担当(コーポレート・バイス・プレジデント)のジュリア・ホワイト (Julia White) 氏が、MRヘッドセット「Microsoft HoloLens 2」を装着して登壇。

　自身を模した「ホログラム」を投影すると、その「ホログラム」が、同氏の「話し方」や「抑揚」を保ったまま、流暢な「日本語」に同時通訳をし、スピーチする様子が披露されました。

かなり聞き取りやすい流暢な日本語でのスピーチが行なわれた
(「Microsoft Inspire」基調講演ビデオ
(https://www.youtube.com/watch?v=3_KxHhAlUXc))

Microsoftは、このデモを実現するために、「Microsoftが、開発、提供する、さまざまな『MR』『AI』技術を組み合わせた」としています。

*

今回は、このデモで用いられたMicrosoftの「MR」「AI」技術の一端を紹介していきます。

■「Microsoft HoloLens 2」

「Microsoft HoloLens 2」は、2019年2月に発表された最新の「シースルー型HMD」で、Microsoftが推し進める「MR」の中核となるデバイスです。

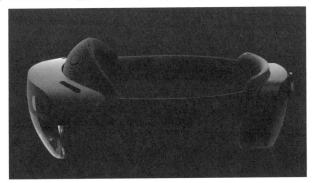

2019年2月に発表された最新の「Microsoft HoloLens 2」

「HoloLensシリーズ」の特徴は、次の通り。

●「レーザー走査」による「シースルー描画」

視界前面を覆う半透明のスクリーン上に、「MEMSミラー」を用いた「レーザー走査」によるグラフィックス描画。

実際の視界(背景)も透けて見えるので、「リアル背景」の上に「CG」が合成される「複合現実」を実現。

●「手の動き」を検出

自分の「手の動き」を検出するセンサが備わっており、宙に表示される「オブジェクト」をクリックして操作できる。

●「深度センサ」による「空間認識」

「深度センサ」で背景の情報を読み取り、「壁」や「床」「机面」などへ、正しく「オブジェクト」を表示。

また、最新の2世代目では、次のような改良が加えられました。

● 重量バランス見直しによる、装着感の大幅な向上

後頭部にバッテリを配置するなど、重量配分を前後均等にすることで、装着感が大幅に向上。

長時間装着しても、不快になりづらくなっている。

●「光学系」の改良

「光学系」を改良し、「視野角」「解像度」「コントラスト」といった描画性能が大幅に向上。

より高いリアリティを得られるようになった。

●「アイトラッキング」(視線追跡)の追加

「アイトラッキング」が追加され、視界に関する微調整を自動で行なえる他、「虹彩 認証」ができるようにもなっている。

● より高度な「ハンド・センサ」

「手の動き」を検出するセンサが高機能化し、片手当たり25点のトラッキングが可能に。

これによって、「つまむ」「つかむ」「にぎる」といった、細かい「ハンド・ジェスチャ」による操作が可能になった。

*

「Microsoft HoloLens 2」の価格は「3,500ドル」、または月額「125ドル」または「99ドル」(開発者向け)の料金プランが用意されており、2019年11月より販売されています。

■「Microsoft Azure」で提供される最新の「音声テキスト技術」

デモで用いられた「音声テキスト変換」「音声翻訳」「テキスト読み上げ」といった「AI」ベースの「音声テキスト技術」。

これは、「Speech Services」という製品名で「Microsoft Azure」にて提供されているもの。

＊

「Speech Services」が提供する各種機能を簡単に見ていきましょう。

● Speech to Text

発話された「音声」を「テキスト」に変換して、直感的な対話を実現する機能。

「音声コマンド」「会話の文字起こし」「コールセンターのログ分析」などのアプリケーションに組み込むことができる。

「音声認識モデル」をカスタマイズすることで、ユーザーの「発話形式」「表現」「独特のボキャブラリ」に合わせて調整したり、「バックグラウンドノイズ」「アクセント」「音声パターン」など各個の状況に適応可能。

● Speech Translation

サポート対象の任意の「言語」へ、「リアルタイム音声翻訳」機能をアプリケーションに組み込める。

「音声認識」と「ニューラル機械翻訳」の最先端テクノロジが利用されており、実世界における「人の話し方」を理解し、きわめて高い品質の翻訳を生成するように最適化。

● Text to Speech

「人工音声によるテキストの読み上げ」をアプリケーションに組み込める。

ほぼリアルタイムで「テキスト」を「音声」に変換したり、カスタマイズして「読み上げ速度」「音の高さ」「音量」などを変更可能。

また、最新の「AI」による「Neural Text-to-Speech」を用いれば、人間の声とほとんど区別のつかない自然な音声を得られる。

これらの機能は、現在「Microsoft Azure」上で実際に使うことができます。

■ Mixed Reality Capture Studios

「Mixed Reality Capture Studios」は、「人物」や「オブジェクト」を撮影し、360度鑑賞可能な「MR」向けの「ホログラム3Dデータ」を作る、最新の「3Dキャプチャ・スタジオ」です。

スタジオで撮影した動きをそのままに、「MR」デバイスで表示できる
リアルな「3Dホログラム」を作れる
(Mixed Reality Capture Studios紹介ビデオ)

デモで用いられたJulia White氏の「ホログラム・データ」は、ここで作られたとのこと。

静止状態をスキャンして3Dデータ化するだけでなく、動きを伴った3Dデータ作成も可能なのが大きな特徴。

要するに、「3Dスキャナ」と「モーション・キャプチャ」を同時に行なえる施設、と言えばイメージしやすいでしょうか。

踊ったり、演技したりする人物をキャプチャし、その動きを伴ったまま、リアルなテクスチャとともに、「MR」デバイスへの表示に適した3Dデータに変換できます。

実際の動きを基に、高精度な3Dデータへと変換が可能
(Mixed Reality Capture Studios紹介ビデオ)
https://www.youtube.com/watch?time_continue=143&v=Ozlo8OTZFy0

■ 遠隔地からでもいつもそこにいる「Holoportation」

Microsoftの研究チームは、ここ数年、「Holoportation」(ホロポーテーション)の研究に取り組んでいます。

「Holoportation」とは、「Microsoft HoloLens」などの「MRデバイス」を装着した人が、遠隔地からの参加者を、まるで、現実の物理空間にいるかのよう「3D」で見ながら会話したり、やり取りできる技術。

現在、「ビジネス」や「教育」など、さまざまな分野で「ビデオ通話」による遠隔地同士の会談が広く利用されています。

しかし、「Holoportation」が実用化されれば、その様相も大きく様変わりするでしょう。

今回、発表されたデモによって、「Holoportation」に自然な「同時通訳」を加えることも可能となりました。

距離だけでなく、言葉の壁も「Holoportation」によって取り払われる——そんな未来も描けるようになってきているのです。

6-3 「極端 紫外線レーザー」による「次世代」レーザー加工技術

■「次世代レーザー加工技術」の研究

現在、「ものづくり」の現場では、「切断」「穴あけ」「溶接」「接合」などに、「レーザー加工」が広く用いられています。

しかし、現行の「レーザー加工技術」は、「消費電力」や「加工処理能力」、「精度」や「品位」の観点から、課題を抱えているとされています。

*

そこで、「競争力」を将来にわたって維持していくには、「高付加価値製品」の製造に適した"高精度・高品位加工"に対応する「次世代レーザー加工技術」の「開発」と「実用化」が急務と考えられます。

そのために、国立研究開発法人新エネルギー・産業技術総合開発機構 (以下、「NEDO」) から「高輝度・高効率次世代レーザー技術開発」プロジェクト (2016〜2020年度) が発足しています。

*

このプロジェクトでは、素材の特性に合わせた"高品位で効率的"な「レーザー加工」の実現に向け、

「光源技術」や「加工プロセス技術」
「加工システム技術」「シミュレーション技術」
「センシング・評価技術」

などを、産学官連携で体系的に開発しています。

従来の「レーザー加工プロセス開発」の大幅な"簡略化・効率化"を可能にする実用的な「レーザー加工プラットフォーム」の構築を、目標としています。

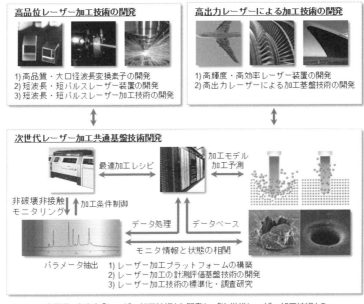

高品位レーザー加工技術の開発

1) 高品質・大口径波長変換素子の開発
2) 短波長・短パルスレーザー装置の開発
3) 短波長・短パルスレーザー加工技術の開発

高出力レーザーによる加工技術の開発

1) 高輝度・高効率レーザー装置の開発
2) 高出力レーザーによる加工基盤技術の開発

次世代レーザー加工共通基盤技術開発

最適加工レシピ

加工モデル
加工予測

非破壊非接触
モニタリング　加工条件制御

データ処理　データベース

モニタ情報と状態の相関

パラメータ抽出　1) レーザー加工プラットフォームの構築
2) レーザー加工の計測評価基盤技術の開発
3) レーザー加工技術の標準化・調査研究

高品位、高出力「レーザー加工技術」を開発し、「次世代レーザー加工技術」の
基盤を培うプロジェクトが発足されている
（NEDOニュースリリース）

　今回、紹介する「極端紫外線レーザーによる次世代レーザー加工技術」も、
NEDOの「高輝度・高効率次世代レーザー技術開発」プロジェクトの成果の一
つで、素材の特性に合わせた高精度かつ高品位な「レーザー加工」を可能とす
る技術です。

　次に、その詳細を追っていきましょう。

■「合成石英」への、極めて「熱影響」の少ない「レーザー加工技術」

　2018年10月23日、国立研究開発法人産業技術総合研究所（以下、「産総研」）
と東京大学、早稲田大学らの研究グループは、「極端紫外線レーザーを用い
た、合成石英に極めて熱影響の少ないレーザー加工技術を実現した」と発表し
ました。

　先に述べたように、現在、「紫外線」から「遠赤外線領域」の、さまざまな波
長の「レーザー」を用いた材料加工が広く用いられ、社会を支える重要な技術
として、次世代の「レーザー加工技術」の開発が期待されています。

　その一つとして、「レーザー波長」の「短波長化」が取り組まれており、「波長120nm」以下の「極端紫外線領域」の「レーザー光」においても、産業利用に向けた有用性の検証が進められてきました。

　一方で、「小型電子デバイス用」の「次世代電子回路基板」として、「ガラス」が注目されており、「ガラス」への高密度な「微細穴開け加工」へのニーズが高まっています。

　しかし、これまでの「レーザー加工技術」では、「熱溶解」による加工品質上の課題があり、「熱影響」の少ない「レーザー加工」が必要とされていました。

＊

　「熱影響」の少ない「レーザー加工」の実現には、「熱影響メカニズムの解明」や、「熱影響の変化の観測」が重要です。

　しかし、「極端紫外線レーザー」による材料加工の特性は、最も基礎的な事項に関して近年評価が始まったばかりで、まだまだ未知の部分が多い分野です。

　同研究グループは、「高輝度・高効率次世代レーザー技術開発」プロジェクトにおいて、「フェムト秒レーザー」などを活用した、産業ニーズの高い材料・加工内容に対する「レーザー加工技術・分析評価技術」の開発や、素材の特性にあった高品質な加工実現のための「レーザー加工現象解明」に取り組んでいます。

　しかし、今回、このプロジェクトの一環として、「ガラス材料」の加工メカニズムを理解するために、「**極端紫外線レーザー**」を用いた「合成石英」の加工に取り組んだとしています。

■ 困難だった「ガラス」への「高品位微細加工」

　従来用いられている「波長領域」の「レーザー」を「ガラス」への「穴開け加工」に用いる場合、「リム構造」(加工端部の盛り上がり構造)の発生など、「熱影響」を除去することは困難でした。

　特に、基本的な「ガラス材料」の一つである「合成石英」の加工では、「フェムト秒レーザー(千兆分の1秒単位の間隔で点滅する超短パルスレーザーの一

種)」加工における亀裂の影響が、加工品質に大きな影響を与えることが分かっています。

*

そこで研究グループは今回、「極端紫外線フェムト秒レーザー」を用いて加工すれば、"熱損傷の少ない"「レーザー加工」ができるのではないかとの着想を得て、「合成石英」をターゲットとした「加工実験」、および「加工特性」の評価を行なったとのことです。(femto=10⁻¹⁵)

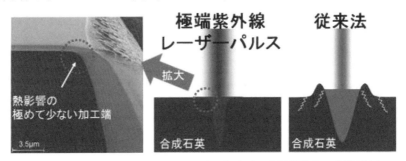

従来の「レーザー加工」では、右図のように加工端部に盛り上がりや亀裂が発生するのを避けられなかった。「極端紫外線レーザー」を用いることで、このような悪影響の出ない加工を目指す。
(産総研ニュースリリース)

■ 極めて高い加工精度を確認

研究グループは今回、

> 従来の「近赤外線フェムト秒レーザー」(波長800nm、パルス幅約70フェムト秒)と、「SACLA」(SPring-8 Angstrom Compact Free Electron Laser：兵庫県にあるX線自由電子レーザー施設)の「極端紫外線フェムト秒レーザー」(波長13.5nm、パルス幅約70フェムト秒)

を用いて、「合成石英」の加工を行ないました。

そして、「走査型イオン顕微鏡」や「レーザー顕微鏡」などの観測で、その「損傷閾値」(低い値であれば、より低パルス・エネルギーで加工できることを意味する値)や、「加工モルフォロジー」(レーザーの特性に応じて材料形状が変化することの総称)などの加工特性を評価しました。

*

この実験の結果、「近赤外線フェムト秒レーザー」による損傷閾値「3.8×10³mJ/cm²」に対し、照射エネルギーを変え、「極端紫外線フェムト秒レー

ザー」をシングルパルス照射した試料分析の結果から、その損傷閾値は「0.17
× 103/cm²」であることが分かりました。

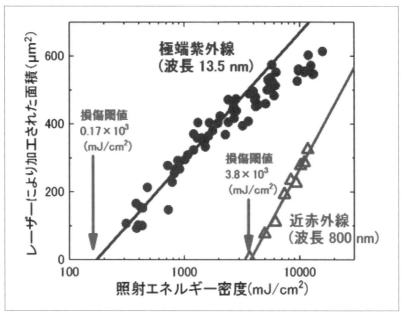

「近赤外線フェムト秒レーザー」(△印)と「極端紫外線フェムト秒レーザー」(●印)の「損傷閾値」比較
(産総研ニュースリリース)

　これまでに報告事例のある「可視光～近赤外線領域」の「フェムト秒レーザー」
とも比べると、「損傷閾値」は「約1/20」と大きく改善されています。

　また、「切削速度」——すなわち加工効率に大きく影響する特性値である「有
効吸収長」は「58nm」と算出され、同じ「極端紫外線」でも「ナノ秒レーザー」と
比較すると「約2.5倍」に向上していることが確認できます。

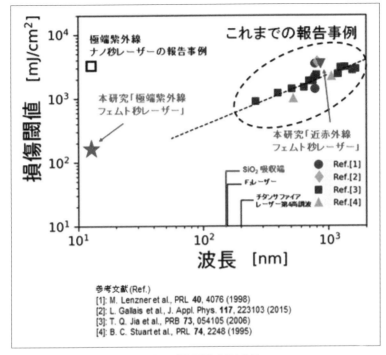

これまでの報告事例を含めた比較
「極端紫外線フェムト秒レーザー」（★印）が飛び抜けていることが確認できる。
(産総研ニュースリリース)

	本研究	本研究	過去の事例
レーザー波長 [nm]	13.5 （極端紫外線）	800 （近赤外線）	13.5 （極端紫外線）
パルス幅	フェムト秒	フェムト秒	ナノ秒
損傷閾値 [mJ/cm²]	0.17×10³　20分の1	3.8×10³	3.2×10³
有効吸収長 [nm]	58　　　　2.5倍	-	22
光源のパルスと スペクトルのイメージ図 （縦軸：強度，横軸：時間） （実際には不可視帯域波長である）			

光源による加工特性値の比較
「損傷閾値」は近赤外線の「1/20」、「有効吸収長」は「ナノ秒レーザー」の「2.5倍」になった。
(産総研ニュースリリース)

　続けて、「加工モルフォロジー」の評価のため、「極端紫外線フェムト秒レーザー」の「マルチ・パルス照射」による深掘り加工を行ない、形成されたクレーター表面を観察したところ、加工による「クラック」や「リム構造」は観測され

なかった、とのことです。

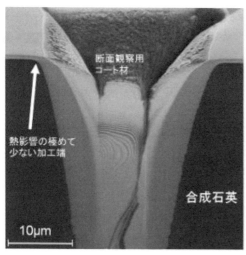

加工後の「走査型イオン顕微鏡」による断面観察
右下図のような「リム構造」は発生せず、綺麗な加工端を確認できる。
（産総研ニュースリリース）

　レーザーの照射痕を、材料の上部から「レーザー顕微鏡」で観察した比較では、まったく「クラック」のない、きれいな加工であることを一目で判断できます。

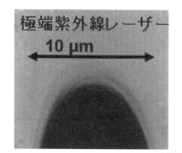
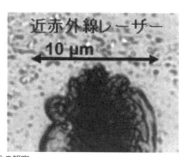

材料上面からの観察
「極端紫外線」（左）と「近赤外線」（右）の違いがよくわかる。
（産総研ニュースリリース）

　このように、「極端紫外線フェムト秒レーザー」を用いることで、極めて「熱影響」の少ない「レーザー加工」が可能であり、これまで報告されている「合成石英」の加工の中でも、最高品質の「クレーター加工」を提供できることが確認されました。

■ 今後の予定

　今後は、「SACLA」を用いて「極端紫外線領域」に近い波長で、「損傷閾値」などの「照射レーザー波長依存性」の精査を進め、「合成石英」を含む「ガラス材料」などの「フェムト秒レーザー加工」のメカニズム解明へと発展させ、産業ニーズに応じた最適加工の実現を目指す、としています。

＊

　将来、この技術を元に生産されたさまざまな製品が、私たちの生活に役立つことが期待されます。

6-4　プロトン導電性セラミック燃料電池セル(PCFC)

■ 全既知発電デバイスの効率を上回る「究極の燃料電池」

　国立研究開発法人 産業技術総合研究所 (以下「産総研」) は、「国立研究開発法人 新エネルギー・産業技術総合開発機構」(以下「NEDO」) の委託事業において、世界で初めて実用サイズの「**プロトン導電性セラミック燃料電池セル (以下「PCFC」)**」の作製に成功したと発表しました(2019年7月4日)。

　「PCFC」は、理論的には燃料を「100%」利用でき、全ての既知発電デバイスを超える発電効率「75%」に達することも可能な燃料電池。

　兼ねてより実用化が待ち望まれていましたが、「プロトン導電性セラミックス」の作製には「1700℃」以上の高温焼成が必要だったため、大型化が困難でした (既存技術では直径「30mm」サイズが限界だった)。

　発表によると、新たな「拡散焼結技術」を開発したことで量産可能なプロセスにより実用的な「80mm」角サイズの「PCFC」の作製に成功したとのことです。

試作された「80mm」角サイズの「PCFC」
(産総研ニュースリリース)

今回は、この究極の燃料電池「PCFC」について見ていきましょう。

■ 依然注目度の高い燃料電池

東日本大震災以後、国内の電力事情は大きく変わり、昨今は「太陽光発電」を中心とした「再生可能エネルギー」が大きな注目を集めています。

しかし一方で、再生可能エネルギーの発電量は天候などに左右されやすく不安定なため、「再生可能エネルギー」のみですべての電力需要を賄うことは困難です。

そこで、「再生可能エネルギー」の電力変動を補う発電方式の1つとして、安定的かつクリーンな発電を行う「燃料電池」が期待されています。

「燃料電池」は主に「水素(と空気中の酸素)」を燃料として発電するデバイスで、いわゆる「水素社会」の中心を担うものです。

「水素社会」と聞いて真っ先に思い浮かべるのは「燃料電池自動車(FCV)」ではないでしょうか。

2014年にトヨタ自動車が世界に先駆けて量産化した「FCV」ですが、水素ステーション設置の遅れなどにより、あまり芳しい状況では無い印象があります。

さらに世界の自動車メーカーは、「FCV」よりハードルの低いバッテリ運用の「EV」開発へと舵を切っており、「FCV」ひいては燃料電池そのものに、時

代の潮流から外れているイメージをもつ人が少なくないかもしれません。

しかし、「FCV」は燃料電池使用の一例にすぎず、他に目を向ければ、家庭用燃料電池「エネファーム」のように、10年以上前から普及を始めている燃料電池もあります。

いずれにせよ、発電効率の高い燃料電池は今後も無視できない発電方式の1つなのは確かです。

■「燃料電池」のしくみ

本題へ入る前に、「燃料電池」そのものの仕組みについて、もう少し解説しておきましょう。

*

先述したように「燃料電池」は「水素」と「酸素」の「電気化学反応」から電気を取り出す装置です。

「水」に「電気」を流すと「水素」と「酸素」が発生する電気分解実験を理科の授業で行った記憶があると思います。

この反応は逆行も可能で、「水素」と「酸素」が合体すると、「電気」と「水」(と「熱」)が発生するのです。
この原理を用いたものが「燃料電池」になります。

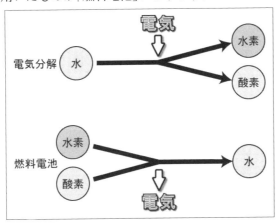

燃料電池の原理。

＊

　「燃料電池」の基本的な構造は、「電解質」を中心に2枚の「電極」(燃料極と空気極)で挟み込んだ形となっています。

　「電解質」は、イオン化した原子の通り道となっており、イオン化した水素や酸素が、電解質を通過して反対の電極へ移動することで反応が起こります。
　このイオン化する際の電子の移動が発電となるわけです。

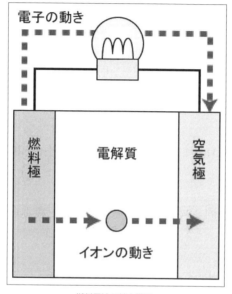

燃料電池の基本構造。

　「電解質」の物質の違いにより燃料電池の特性(効率や作動温度)が変化。
　現在は常温で作動可能な「固体高分子形(PEFC)」や、作動温度は超高温(700〜1,000℃)だが発電効率の高い(45〜65%)「固体酸化物形(SOFC)」が広く利用されています。

　そして、この電解質に「**プロトン透過セラミックス膜**」を用いることで、理論値「75%」の発電効率を目指すのが、今回紹介する「PCFC」となります。

■「PCFC」の特徴と抱えていた課題

「PCFC」は、理論的には燃料を「100%」利用できます。

そのため、熱損失が大きいはずの小型設備でも、大型火力発電所の「61%」を超える「75%」の発電効率を達成し、大きな「CO2削減効果」が期待できる燃料電池です。

また、各種イオン中で最小の「プロトン」が導電種であり、「SOFC」より低温域でも十分なイオン導電率を示すため作動温度を下げることができます。

システム全体に高価な超耐熱材料を使用せずにすむので、コストを削減できるとも考えられています。

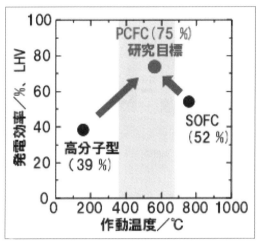

プロトン導電性セラミックス燃料電池の発電効率目標
（産総研ニュースリリース）

一方で、実用サイズのセルを作製することが困難であったり、「プロトン導電性セラミックス」は電子リークによって電圧効率が低い、など特有の問題がありました。

これらの問題を解決し、世界に先駆けて「PCFC」を実用化するために、産総研は実用サイズのセル作製と電子リークの抑制を両立できる技術の、産学官連携による開発に取り組んできたとしています。

■研究成果

　「プロトン導電性セラミックス」は難焼結材料で、焼結に「1700℃」以上の高温焼成を必要とする点が、実用サイズの「PCFC」セル作製を阻む要因でした。

　これまでにも焼成温度を下げるために様々な「焼結助剤」を試してきましたが、これが「プロトン導電性セラミックス」の粒界に偏析しやすく絶縁性が低下するため、電解質層としては問題があったのです。

　今回の研究では電解質材料に「バリウム(Ba)系ペロブスカイト材料：BaZrO₃系組成」を用い、詳細な焼結挙動を調べることで「拡散焼結」という技術を開発しています。これは、「焼結助剤」を含む「燃料極支持体」と「薄層電解質」を共焼成し、その過程で遷移金属を優先的に電解質中に完全固溶させる技術で、遷移金属は粒界偏析しません。

　通常の焼結方法だと「1500℃」では「50%」程度の焼結率で、ほとんど焼結が進行しませんが、拡散焼結法では「1500℃」で焼結率が「100%（密度99%以上）」に達し、無駄な燃料消費の原因となるガスリークが無い緻密な電解質層が作製できたとのことです。

　また、「拡散焼結法」により様々な形状の燃料電池セルの試作にも成功しています。

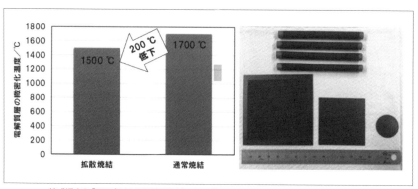

焼成温度を「200℃」も下げ（画像左）、さまざまな形状も作れるようになった（画像右）
（産総研ニュースリリース）

もう1つの問題、電子リークについては、電解質層上に電子リークブロック層を積層することで、電解質層のCO_2耐久性と電子リーク抑制を両立できたとしています。

これまでに報告されている「$BaZrO_3$系電解質」(小型のコイン型セル)の「開回路起電力」が「0.93〜0.99V」なのに対し、今回開発した発電セルは実用セルサイズで「1.06V」が得られ、理論値の「93%」近くまで向上しています。

これはすなわち電解質の積層化によって大幅に電子リークが改善されたことを意味します。

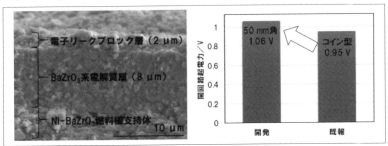

新たに開発した電解質層の断面電子顕微鏡写真(画像左)と、大幅に改善
(理論起電力1.13V)された「開回路起電力」の比較(画像右)
(産総研ニュースリリース)

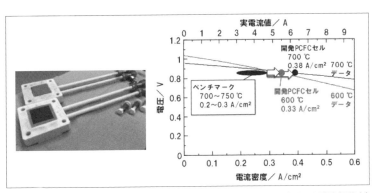

評価用「50mm」角平板「PCFC」の外観(画像左)と発電特性(作動温度600℃と700℃)(画像右)
ベンチマーク対象は従来型「SOFC」で、作動温度が「100℃」低くても
「SOFC」より優れた特性であることを示した。
(産総研ニュースリリース)

*

　今後は、「単セル・ショートスタック」や効率の評価によって課題を抽出し、超高効率「PCFC」の実証に向けて産学官の連携研究を推進するとしています。

　将来的には今回開発した技術を「燃料電池」の逆反応である「水蒸気電解反応」による「純水素製造」など広く「電気化学反応デバイス」へ応用。

　「再生可能エネルギー」と組み合わせた「電力ネットワーク」や「水素活用電力ネットワーク」(「発電」だけでなく、余剰電力を水素に変換して貯蔵も行う)の構築に貢献することが期待されます。

索 引

■著者略歴

勝田　有一朗（かつだ・ゆういちろう）

1977年　大阪府生まれ
「月間I/O」や「Computer Fan」の投稿からライターをはじめ、現在に至る。
現在も大阪府在住。

［主な著書］

「「USB TypeC」の基礎知識」
「Lightworksではじめる動画編集」「はじめてのVideoStudio X9」
「逆引きAviUtl動画編集」「はじめてのPremiere Elements12」
「スペックを"読む"本」「コンピュータの未来技術」
「はじめてのMusic Maker MX」「はじめてのTMPGENC」
「わかるWi-Fi」（以上、工学社）ほか

［共著］

「WiMAX Wi-Fi 無線ネットワーク」「超カンタン！ Vista」
「パソコン自作手帳」（以上、工学社）ほか

本書の内容に関するご質問は、
①返信用の切手を同封した手紙
②往復はがき
③FAX (03) 5269-6031
　（返信先のFAX番号を明記してください）
④E-mail　editors@kohgakusha.co.jp
のいずれかで、工学社編集部あてにお願いします。
なお、電話によるお問い合わせはご遠慮ください。

サポートページは下記にあります。

［工学社サイト］
http://www.kohgakusha.co.jp/

I/O BOOKS

理工系のための未来技術

2020年2月10日　初版発行　©2020

著　者　　勝田　有一朗
発行人　　星　正明
発行所　　株式会社工学社
〒160-0004 東京都新宿区四谷 4-28-20 2F
電話　　(03) 5269-2041 (代) ［営業］
　　　　(03) 5269-6041 (代) ［編集］
振替口座　00150-6-22510

※定価はカバーに表示してあります。

印刷：図書印刷 (株)

ISBN978 4-7775-2099-2